岩 波 文 庫

33-146-1

「い き」の 構 造

他 二 篇

九鬼周造著

岩 波 書 店

目次

「いき」の構造

La pensée doit remplir toute l'existence.

MAINE DE BIRAN, *Journal intime.*

序

この書は雑誌『思想』第九十二号および第九十三号(昭和五年一月号および二月号)所載の論文に修補を加えたものである。

生きた哲学は現実を理解し得るものでなくてはならぬ。我々は「いき」という現象のあることを知っている。しからばこの現象はいかなる構造をもっているか。「いき」とは畢竟《ひっきょう》わが民族に独自な「生き」かたの一つではあるまいか。現実をありのままに把握することが、また、味得さるべき体験を論理的に言表することが、この書の追う課題である。

昭和五年十月

著　者

目次

一　序説

「いき」という現象はいかなる構造をもっているか。まず我々は、いかなる方法によって「いき」の構造を闡明《せんめい》し、「いき」の存在を把握することができるであろうか。「いき」が一の意味を構成していることはいうまでもない。また「いき」が言語として成立していることも事実である。しからば「いき」という語は各国語のうちに見出《みいだ》されるという普遍性を備えたものであろうか。我々はまずそれを調べてみなければならない。そうして、もし「いき」という語がわが国語にのみ存するものであるとしたならば、「いき」は特殊の民族性をもった意味であることになる。しからば特殊な民族性をもった意味、すなわち特殊の文化存在はいかなる方法論的態度をもって取扱わるべきものであろうか。「いき」の構造を明らかにする前に我々はこれらの先決問題に答えなければならぬ。

まず一般に言語というものは民族といかなる関係を有するものか。言語の内容たる意味と民族存在とはいかなる関係に立つか。意味の妥当問題は意味の存在問題を無用になし得るものではない。否《いな》、往々、存在問題の方が原本的である。我々はまず与えられた具体から出発しなければならない。我々に直接に与えられているものは「我々」である。また我々の綜合《そうごう》と考えられる「民族」である。そうして民族の存在様態は、その民族にとって核心的のものである場合に、一定の「意味」として現われてくる。また、その一定の意味は「言語」によって通路を開く。それ故に一の意味または言語は、一民族の過去および現在の存在様態の自己表明、歴史を有する特殊の文化の自己開示にほかならない。したがって、意味および言語と民族の意識的存在との関係は、前者が集合して後者を形成するのではなくて、民族の生きた存在が意味および言語を創造するのである。両者の関係は、部分が全体に先立つ機械的構成関係ではなくて、全体が部分を規定する有機的構成関係を示している。それ故に、一民族の有する或る具体的意味または言語は、その民族の存在の表明として、民族の体験の特殊な色合《いろあい》を帯びていないはずはない。

もとより、いわゆる自然現象に属する意味および言語は大なる普遍性をもっている。しかもなお、その普遍性たるや決して絶対的のものではない。例えばフランス語の ciel とか bois とかいう語を英語の sky, wood、ドイツ語の Himmel, Wald と比較する場合に、その意味内容は必ずしも全然同一のものではない。これはその国土に住んだことのある者は誰しも直ちに了解することである。Le ciel est triste et beau の ciel と、What shapes of sky or plain? の sky と、Der bestirnte Himmel über mir の Himmel とは、国土と住民とによっておのおのその内容に特殊の規定を受けている。自然現象に関する言葉でさえ既にかようであるから、まして社会の特殊な現象に関する語は他国語に意味の上での厳密なる対当者を見出すことはできない。ギリシャ語の πόλις にしても ἑταίρα にしても、フランス語の ville や courtisane とは異なった意味内容をもっている。またたとえ語源を同じくするものでも、一国語として成立する場合には、その意味内容に相違を生じてくる。ラテン語の caesar とドイツ語の Kaiser との意味内容は決して同一のものではない。

無形的な意味および言語においても同様である。のみならず、或る民族の特殊の存在様態が核心的のものとして意味および言語の形で自己を開示しているのに、他の民族は同様の体験を核心的のものとして有せざるがために、その意味および言語を明らかに欠く場合がある。例えば、esprit という意味はフランス国民の性情と歴史全体とを反映している。この意味および言語は実にフランス国民の存在を予想するもので、他の民族の語彙《ごい》のうちに索《もと》めても全然同様のものは見出し得ない。ドイツ語では Geist をもってこれに当てるのが普通であるが、Geist の固有の意味はヘーゲルの用語法によって表現されているもので、フランス語の esprit とは意味を異にしている。geistreich という語もなお esprit の有する色合を完全にもっているものではない。もし、もっているとすれば、それは意識的に esprit の翻訳としてこの語を用いた場合のみである。その場合には本来の意味内容のほかに強《し》いて他の新しい色彩を帯びさせられたものである。否《いな》、他の新しい意味を言語の中に導入したものである。そうしてその新しい意味は自国民が有機的に創造したものではなくて、他国から機械的に輸入したものに過ぎないのである。英語の spirit も intelligence も wit もみな esprit ではない。前の二つは意味が不足しているし、wit は意味が過剰である。なお一例を挙げれば Sehnsucht という語はドイツ民族が産んだ言葉であって、ドイツ民族とは有機的関係をもっている。陰鬱《いんうつ》な気候風土や戦乱の下《もと》に悩んだ民族が明るい幸《さち》ある世界に憬《あこが》れる意識である。レモンの花咲く国に憧《あこが》れるのは単にミニョンの思郷の情のみではない。ドイツ国民全体の明るい南に対する悩ましい憧憬《しょうけい》である。「夢もなお及ばない遠い未来のかなた、彫刻家たちのかつて夢みたよりも更に熱い南のかなた、神々が踊りながら一切の衣裳《いしょう》を恥ずる彼地《かのち》へ」(1)の憧憬、ニイチェのいわゆる flügelbrausende Sehnsucht はドイツ国民の斉《ひと》しく懐くものである。そうしてこの悩みはやがてまた noumenon の世界の措定《そてい》として形《けい》而上的《じじょうてき》情調をも取って来るのである。英語の longing またはフランス語の langueur, soupir, désir などは Sehnsucht の色合の全体を写し得るものではない。ブートルーは「神秘説の心理」と題する論文のうちで、神秘説に関して「その出発点は精神の定義しがたい一の状態で、ドイツ語の Sehnsucht がこの状態をかなり善《よ》く言い表わしている(2)」といっているが、すなわち彼はフランス語のうちに Sehnsucht の意味を表現する語のないことを認めている。

「いき」という日本語もこの種の民族的色彩の著しい語の一つである。いま仮りに同意義の語を欧洲語のうちに索めてみよう。まず英、独の両語でこれに類似するものは、ほとんど悉《ことごと》くフランス語の借用に基づいている。しからばフランス語のうちに「いき」に該当するものを見出すことができるであろうか。第一に問題となるのは chic という言葉である。この語は英語にもドイツ語にもそのまま借用されていて、日本ではしばしば「いき」と訳される。元来、この語の語源に関しては二説ある。一説によれば chicane の略で裁判沙汰《ざた》を縺《もつ》れさせる「繊巧《せんこう》な詭計《きけい》」を心得ているというような意味がもとになっている。他説によれば chic の原形は schick である。すなわち schicken から来たドイツ語である。そうして geschickt と同じに、諸事についての「巧妙」の意味をもっていた。その語をフランスが輸入して、次第に趣味についての élégant に近接する意味に変えて用いるようになった。今度はこの新しい意味をもった chic として、すなわちフランス語としてドイツにも逆輸入された。しからば、この語の現在有する意味はいかなる内容をもっているかというに、決して「いき」ほど限定されたものではない。外延のなお一層広いものである。

すなわち「いき」をも「上品」をも均《ひと》しく要素として包摂《ほうせつ》し、「野暮《やぼ》」「下品」などに対して、趣味の「繊巧」または「卓越」を表明している。次に coquet という語がある。この語は coq から来ていて、一羽の雄鶏《おんどり》が数羽の牝鶏《めんどり》に取巻かれていることを条件として展開する光景に関するものである。すなわち「媚態的《びたいてき》」を意味する。この語も英語にもドイツ語にもそのまま用いられている。ドイツでは十八世紀に coquetterie に対して Fängerei という語が案出されたが一般に通用するに至らなかった。この特に「フランス的」といわれる語は確かに「いき」の徴表《ちょうひょう》の一つを形成している。しかしなお、他の徴表の加わらざる限り「いき」の意味を生じては来ない。しかのみならず徴表結合の如何《いかん》によっては「下品」ともなり「甘く」もなる。カルメンがハバネラを歌いつつドン・ジョゼに媚《こ》びる態度は coquetterie には相違ないが決して「いき」ではない。なおまたフランスには raffiné という語がある。re-affiner すなわち「一層精細にする」という語から来ていて、「洗練」を意味する。英語にもドイツ語にも移って行っている。そうしてこの語は「いき」の徴表の一をなすものである。しかしながら「いき」の意味を成すにはなお重要な徴表を欠いている。かつまた或る徴表と結合する場合には「いき」と或る意味で対立している「渋味」となることもできる。要するに「いき」は欧洲語としては単に類似の語を有するのみで全然同価値の語は見出し得ない。したがって「いき」とは東洋文化の、否、大和《やまと》民族の特殊の存在様態の顕著な自己表明の一つであると考えて差支《さしつかえ》ない。

もとより「いき」と類似の意味を西洋文化のうちに索めて、形式化的抽象によって何らか共通点を見出すことは決して不可能ではない。しかしながら、それは民族の存在様態としての文化存在の理解には適切な方法論的態度ではない。民族的、歴史的存在規定をもった現象を自由に変更して可能の領域においていわゆる「イデアチオン」を行《おこな》っても、それは単にその現象を包含する抽象的の類概念を得るに過ぎない。文化存在の理解の要諦《ようたい》は、事実としての具体性を害《そこな》うことなくありのままの生ける形態において把握することである。ベルクソンは、薔薇《ばら》の匂《におい》を嗅《か》いで過去を回想する場合に、薔薇の匂が与えられてそれによって過去のことが連想されるのではない。過去の回想を薔薇の匂のうちに嗅ぐのであるといっている。薔薇の匂という一定不変のもの、万人に共通な類概念的のものが現実として存するのではない。内容を異にした個々の匂があるのみである。そうして薔薇の匂という一般的なものと回想という特殊なものとの連合によって体験を説明するのは、多くの国語に共通なアルファベットの幾字かを並べて或る一定の国語の有する特殊な音《おん》を出そうとするようなものであるといっている(3)。「いき」の形式化的抽象を行って、西洋文化のうちに存する類似の現象との共通点を求めようとするのもその類《たぐい》である。およそ「いき」の現象の把握に関して方法論的考察をする場合に、我々はほかでもないuniversalia の問題に面接している。アンセルムスは、類《るい》概念を実在であると見る立場に基づいて、三位《さんみ》は畢竟《ひっきょう》一体の神であるという正統派の信仰を擁護した。それに対してロスケリヌスは、類概念を名目に過ぎずとする唯名論《ゆいめいろん》の立場から、父と子と聖霊の三位は三つの独立した神々であることを主張して、三神説の誹《そし》りを甘受した。我々は「いき」の理解に際して universalia の問題を唯名論の方向に解決する異端者たるの覚悟を要する。すなわち、「いき」を単に種《しゅ》概念として取扱って、それを包括する類概念の抽象的普遍を向観する「本質直観」を索《もと》めてはならない。意味体験としての「いき」の理解は、具体的な、事実的な、特殊な「存在会得《えとく》」でなくてはならない。我々は「いき」のessentiaを問う前に、まず「いき」のexistentiaを問うべきである。一言にしていえば「いき」の研究は「形相的」であってはならない。「解釈的」であるべきはずである。[4]

しからば、民族的具体の形で体験される意味としての「いき」はいかなる構造をもっているか。我々はまず意識現象の名の下《もと》に成立する存在様態としての「いき」を会得し、ついで客観的表現を取った存在様態としての「いき」の理解に進まなければならぬ。前者を無視し、または前者と後者との考察の順序を顚倒《てんとう》するにおいては「いき」の把握は単に空《むな》しい意図に終るであろう。しかも、たまたま「いき」の闡明《せんめい》が試みられる場合には、おおむねこの誤謬《ごびゅう》に陥っている。まず客観的表現を研究の対象として、その範囲内における一般的特徴を索めるから、客観的表現に関する限りでさえも「いき」の民族的特殊性の把握に失敗する。また客観的表現の理解をもって直ちに意識現象の会得と見做《みな》すため、意識現象としての「いき」の説明が抽象的、形相的に流れて、歴史的、民族的に規定された存在様態を、具体的、解釈的に闡明することができないのである。我々はそれと反対に具体的な意識現象から出発しなければならぬ。

（1） Nietzsche, Also sprach Zarathustra, Teil III, Von alten und neuen Tafeln.

（2） Boutroux, La psychologie du mysticisme (La nature et l'esprit, 1926, p. 177).

（3） Bergson, Essai sur les données immédiates de la conscience, 20e éd., 1921, p. 124.

（4） 「形相的」および「解釈的」の意義につき、また「本質」と「存在」との関係については左の諸書参照。

Husserl, Ideen zu einer reinen Phänomenologie, 1913, I, S. 4, S. 12.

Heidegger, Sein und Zeit, 1927, I, S. 37 f.

Oskar Becker, Mathematische Existenz, 1927, S. 1.

二 「いき」の内包的構造

意識現象の形において意味として開示される「いき」の会得《えとく》の第一の課題として、我々はまず「いき」の意味内容を形成する徴表を内包的に識別してこの意味を判明ならしめねばならない。ついで第二の課題として、類似の諸意味とこの意味との区別を外延的に明らかにしてこの意味に明晰を与えることを許らねばならない。かように「いき」の内包的構造と外延的構造とを均《ひと》しく闡明《せんめい》することによって、我々は意識現象としての「いき」の存在を完全に会得することができるのである。

まず内包的見地にあって、「いき」の第一の徴表は異性に対する「媚態」である。異性との関係が「いき」の原本的存在を形成していることは、「いきごと」が「いろごと」を意味するのでもわかる。「いきな話」といえば、異性との交渉に関する話を意味している。なお「いきな話」とか「いきな事」とかいううちには、その異性との交渉が尋常の交渉でないことを含んでいる。近松秋江《ちかまつしゅうこう》の『意気なこと』という短篇小説は「女を囲う」ことに関している。そうして異性間の尋常ならざる交渉は媚態《びたい》の皆無を前提としては成立を想像することができない。すなわち「いきな事」の必然的制約は何らかの意味の媚態である。しからば媚態とは何であるか。媚態とは、一元的の自己が自己に対して異性を措定《そてい》し、自己と異性との間に可能的関係を構成する二元的態度である。そうして「いき」のうちに見られる「なまめかしさ」「つやっぽさ」「色気」などは、すべてこの二元的可能性を基礎とする緊張にほかならない。いわゆる「上品」はこの二元性の欠乏を示している。そうしてこの二元的可能性は媚態の原本的存在規定であって、異性が完全なる合同を遂《と》げて緊張性を失う場合には媚態はおのずから消滅する。媚態は異性の征服を仮想的目的とし、目的の実現とともに消滅の運命をもったものである。永井荷風《ながいかふう》が『歓楽』のうちで「得ようとして、得た後の女ほど情無《なさけ》いものはない」といっているのは、異性の双方において活躍していた媚態の自己消滅によって齎《もた》らされた「倦怠《けんたい》、絶望、嫌悪」の情を意味しているに相違ない。それ故に、二元的関係を持続せしむること、すなわち可能性を可能性として擁護することは、媚態の本領であり、したがって「歓楽」の要諦《ようたい》である。しかしながら、媚態の強度は異性間の距離の接近するに従って減少するものではない。距離の接近はかえって媚態の強度を増す。菊池寛《きくちかん》の『不壊《ふえ》の白珠《しらたま》』のうちで「媚態」という表題の下に次の描写がある。「片山氏は……玲子《れいこ》と間隔をあけるやうに、なるべく早足に歩かうとした。だが、玲子は、そのスラリと長い脚で……片山氏が、離れようとすればするほど寄り添つて、すれずれに歩いた」。媚態の要は、距離を出来得る限り接近せしめつつ、距離の差が極限に達せざることである。可能性としての媚態は、実に動的可能性として可能である。アキレウスは「そのスラリと長い脚で」無限に亀《かめ》に近迫するがよい。しかし、ヅェノンの逆説を成立せしめることを忘れてはならない。けだし、媚態とは、その完全なる形においては、異性間の二元的、動的可能性が可能性のままに絶対化されたものでなければならない。「継続された有限性」を継続する放浪者、「悪い無限性」を喜ぶ悪《あく》性者《しょうもの》、「無窮に」追跡して仆《たお》れないアキレウス、この種の人間だけが本当の媚態を知っているのである。そうして、かような媚態が「いき」の基調たる「色っぽさ」

を規定している。

「いき」の第二の徴表は「意気」すなわち「意気地」である。意識現象としての存在様態である「いき」のうちには、江戸文化の道徳的理想が鮮やかに反映されている。江戸児《えどっこ》の気概が契機として含まれている。野暮と化物とは箱根より東に住まぬことを「生粋《きっすい》」の江戸児は誇りとした。「江戸の花」には、命をも惜しまない町《まち》火消《びけし》、鳶者《とびのもの》は寒中でも白足袋《しろたび》はだし、法被《はっぴ》一枚の「男伊達《おとこだて》」を尚《とうと》んだ。「いき」には、「江戸の意気張り」「辰巳《たつみ》の俠骨《きょうこつ》」がなければならない。「いなせ」「いさみ」「伝法《でんぼう》」などに共通な犯すべからざる気品・気格がなければならない。「野暮は垣根の外がまへ、三千楼の色競《くら》べ、意気地《いきじ》くらべや張競べ」というように、「いき」は媚態でありながらなお異性に対して一種の反抗を示す強味をもった意識である。「鉢巻の江戸紫」に「粋《いき》なゆかり」を象徴する助六《すけろく》は「若い者、間近く寄つてしやつつらを拝み奉れ、やい」といって喧嘩《けんか》を売る助六であった。「映らふ色やくれなゐの薄花桜」と歌われた三浦屋の揚巻《あげまき》も髭《ひげ》の意休《いきゅう》に対して「慮外ながら揚巻で御座んす。暗がりで見ても助六さんとお前、取違へてよいものか」という思い切った気概を示した。「色と意気地を立てぬいて、気立《きだて》が粋《すい》で」とはこの事である。かくして高尾《たかお》も小紫《こむらさき》も出た。「いき」のうちには溌剌《はつらつ》として武士道の理想が生きている。「武士は食わねど高楊枝《たかようじ》」の心が、やがて江戸者の「宵越《よいごし》の銭《ぜに》を持たぬ」誇りとなり、更にまた「蹴《け》ころ」「不見転《みずてん》」を卑《いや》しむ凜乎《りんこ》たる意気となったのである。「傾城《けいせい》は金でかふものにあらず、意気地にかゆるものとこころへべし」とは廓《くるわ》の掟《おきて》であった。「金銀は卑しきものとて手にも触れず、仮初《かりそめ》にも物の直《ね》段《だん》を知らず、泣言《なきごと》を言はず、まことに公家《くげ》大名《だいみょう》の息女《そくじょ》の如し」とは江戸の太夫《たゆう》の讃美であった。「五丁町《ごちょうまち》の辱《はじ》なり、吉原《よしわら》の名折れなり」という動機の下《もと》に、吉原の遊女は「野暮な大尽《だいじん》などは幾度もはねつけ」たのである。「とんと落ちなば名は立たん、どこの女郎《じょろ》衆《しゅ》の下《した》紐《ひも》を結ぶの神の下心」によって女郎は心中立《しんじゅうだて》をしたのである。理想主義の生んだ「意気地」によって媚態が霊化されていることが「いき」の特色である。

「いき」の第三の徴表は「諦め」である。運命に対する知見に基づいて執着《しゅうじゃく》を離脱した無関心である。「いき」は垢抜《あかぬけ》がしていなくてはならぬ。あっさり、すっきり、瀟洒《しょうしゃ》たる心持でなくてはならぬ。この解脱《げだつ》は何によって生じたのであろうか。

異性間の通路として設けられている特殊な社会の存在は、恋の実現に関して幻滅の悩みを経験させる機会を与えやすい。「たまたま逢《あ》ふに切れよとは、仏姿《ほとけすがた》にあり乍《なが》ら、お前は鬼か清心様《せいしんさま》」という歎《なげ》きは十六夜《いざよい》ひとりの歎きではないであろう。魂を打込んだ真心が幾度か無惨に裏切られ、悩みに悩みを嘗《な》めて鍛えられた心がいつわりやすい目的に目をくれなくなるのである。異性に対する淳朴《じゅんぼく》な信頼を失ってさっぱりと諦《あきら》むる心は決して無代価で生れたものではない。「思ふ事、叶《かな》はねばこそ浮世とは、よく諦めた無理なこと」なのである。その裏面には「情《つれ》ないは唯《ただ》うつり気な、どうでも男は悪性者《あくしょうもの》」という煩悩《ぼんのう》の体験と、「糸より細き縁ぢやもの、つい切れ易く綻《ほころ》びて」という万法の運命とを蔵している。そうしてその上で「人の心は飛鳥川《あすかがわ》、変るは勤めのならひぢやもの」という懐疑的な帰趨《きすう》と、「わしらがやうな勤めの身で、可愛《かわい》と思ふ人もなし、思うて呉《く》れるお客もまた、広い世界にないものぢやわいな」という厭世的《えんせいてき》な結論とを掲げているのである。「いき」を若い芸者に見るよりはむしろ年増《としま》の芸者に見出すことの多いのはおそらくこの理由によるものであろう[1]。要するに、「いき」は「浮かみもやらぬ、流れのうき身」という「苦界《くがい》」

にその起原をもっている。そうして「いき」のうちの「諦め」したがって「無関心」は、世智辛《せちがら》い、つれない浮世の洗練を経てすっきりと垢抜した心、現実に対する独断的な執着を離れた瀟洒として未練のない恬淡無碍《てんたんむげ》の心である。「野暮は揉《も》まれて粋となる」というのはこの謂《いい》にほかならない。婀娜《あだ》っぽい、かろらかな微笑の裏に、真摯《しんし》な熱い涙のほのかな痕跡《こんせき》を見詰めたときに、はじめて「いき」の真相を把握《はあく》し得たのである。「いき」の「諦め」は爛熟頽廃《らんじゅくたいはい》の生んだ気分であるかもしれない。またその蔵する体験と批判的知見とは、個人的に獲得したものであるよりは社会的に継承したものである場合が多いかもしれない。それはいずれであってもよい。ともかくも「いき」のうちには運命に対する「諦め」と、「諦め」に基づく恬淡とが否《いな》み得ない事実性を示している。そうしてまた、流転《るてん》、無常を差別相の形式と見、空無《くうむ》、涅槃《ねはん》を平等相の原理とする仏教の世界観、悪縁にむかって諦めを説き、運命に対して静観を教える宗教的人生観が背景をなして、「いき」のうちのこの契機を強調しかつ純化していることは疑いない。

以上を概括すれば、「いき」の構造は「媚態」と「意気地」と「諦め」との三契機を示している。そうして、第一の「媚態」はその基調を構成し、第二の「意気地」と第三の「諦め」の二つはその民族的、歴史的色彩を規定している。この第二および第三の徴表は、第一の徴表たる「媚態」と一見相容《あいい》れないようであるが、はたして真に相容れないであろうか。さきに述べたように、媚態の原本的存在規定は二元的可能性にある。しかるに第二の徴表たる「意気地」は理想主義の齎《もたら》した心の強味で、媚態の二元的可能性に一層の緊張と一層の持久力とを呈供《ていきょう》し、可能性を可能性として終始せしめようとする。すなわち「意気地」は媚態の存在性を強調し、その光沢を増し、その角度を鋭くする。媚態の二元的可能性を「意気地」によって限定することは、畢竟《ひっきょう》、自由の擁護を高唱するにほかならない。第三の徴表たる「諦め」も決して媚態と相容れないものではない。媚態はその仮想的目的を達せざる点において、自己に忠実なるものである。それ故に、媚態が目的に対して「諦め」を有することは不合理でないのみならず、かえって媚態そのものの原本的存在性を開示せしむることである。媚態と「諦め」との結合は、自由への帰依《きえ》が運命によって強要され、可能性の措定《そてい》が必然性によって規定されたことを意味している。

すなわち、そこには否定による肯定が見られる。要するに、「いき」という存在様態において、「媚態」は、武士道の理想主義に基づく「意気地」と、仏教の非現実性を背景とする「諦め」とによって、存在完成にまで限定されるのである。それ故に、「いき」は媚態の「粋《すい》(2)」である。「いき」は安価なる現実の提立《ていりつ》を無視し、実生活に大胆なる括弧《かっこ》を施し、超然として中和の空気を吸いながら、無目的なまた無関心な自律的遊戯をしている。一言にしていえば、媚態のための媚態である。恋の真剣と妄執とは、その現実性とその非可能性によって「いき」の存在に悖《もと》る。「いき」は恋の束縛に超越した自由なる浮気心でなければならぬ。「月の漏《も》るより闇《やみ》がよい」というのは恋に迷った暗がりの心である。「月がよいとの言草《ことぐさ》」がすなわち恋人にとっては腹の立つ「粋な心」である。「粋な浮世を恋ゆえに野暮にくらすも心から」というときも、恋の現実的必然性と、「いき」の超越的可能性との対峙《たいじ》が明示されている。「粋と云《い》はれて浮いた同士《どし》」が「つい岡惚《おかぼれ》の浮気から」いつしか恬淡洒脱《てんたんしゃだつ》の心を失って行った場合には「またいとしさが弥増《いやま》して、深く鳴子の野暮らしい」ことを託《かこ》たねばならない。「蓮《はす》の浮気は一寸惚《ちょいとぼ》れ」という時は未だ「いき」の領域にいた。「野暮な事ぢゃが比翼紋《ひよくもん》、離れぬ中《なか》」となった時には既に「いき」の境地を遠く去っている。そうして「意気なお方につり合ぬ、野暮なやの字の屋敷者」という皮肉な嘲笑を甘んじて受けなければならぬ。およそ「胸の煙は瓦焼く竈《かまど》にまさる」のは「粋な小《こ》梅《うめ》の名にも似ぬ」のである。スタンダアルのいわゆるamour-passionの陶酔はまさしく「いき」からの背離である。「いき」に左袒《さたん》する者はamour-goûtの淡い空気のうちで蕨《わらび》を摘んで生きる解脱《げだつ》に達していなければならぬ。しかしながら、「いき」はロココ時代に見るような「影に至るまでも一切が薔薇色の絵[3]」ではない。「いき」の色彩はおそらく「遠つ昔の伊達姿、白茶苧袴《しらちゃおばかま》」の白茶色であろう。

要するに「いき」とは、わが国の文化を特色附《づ》けている道徳的理想主義と宗教的非現実性との形相因によって、質料因たる媚態が自己の存在実現を完成したものであるということができる。したがって「いき」は無上の権威を恣《ほしいまま》にし、至大の魅力を振うのである。「粋な心についたらされて、嘘《うそ》と知りてもほんまに受けて」という言葉はその消息を簡明に語っている。ケレルマンがその著『日本に於《お》ける散歩』のうちで、日本の或る女について「欧羅巴《ヨーロッパ》の女がかつて到達しない愛嬌《あいきょう》をもって彼女は媚《こび》を呈した」(4)といっているのは、おそらく「いき」の魅惑を感じたのであろう。我々は最後に、この豊かな特彩をもつ意識現象としての「いき」、理想性と非現実性とによって自己の存在を実現する媚態としての「いき」を定義して「垢抜して（諦）、張のある（意気地）、色っぽさ（媚態）」ということができないであろうか。

(1) 『春色辰巳園《しゅんしょくたつみのその》』巻之七に「さぞ意気な年増《としま》になるだらうと思ふと、今ツから楽しみだわ」という言葉がある。また『春色梅暦《しゅんしょくうめごよみ》』巻之二に「素顔の意気な中年増《ちゅうどしま》」ということもある。また同書巻之一に「意気な美しいおかみさんが居ると言ひましたから、それぢやア違ツたかと思つて、猶《なお》くはしく聞いたれば、おまはんの年よりおかみさんの方が、年うへのやうだといひますし云々《うんぬん》」の言葉があるが、すなわち、ここでは「いき」と形容されている女は、男よりも年上である。一般に「いき」は知見を含むもので、したがって「年の功」を前提としている。「いき」の所有者は、「垢のぬけたる苦労人」でなければならない。

(2) 我々が問題を見ている地平にあっては、「いき」と「粋《すい》」とを同一の意味内容を有するものと考えても差支ないと思う。式亭三馬の『浮世風呂《うきよぶろ》』第二編巻之上で、染色に関して、江戸の女と上方《かみがた》の女との間に次の問答がある。江戸女「薄紫《うすむらさき》といふやうなあんばいで意気だねえ」上方女「いつかう粋ぢや。こちや江戸紫《えどむらさき》なら大好《だいすき》〳〵」。すなわち、「いき」と「粋」とはこの場合全然同意義である。染色の問答に続いて、三馬はこの二人の女に江戸語と上方語との巧みな使い別けをさせている。のみならず「すつぽん」と「まる」、「から」と「さかい」などのような、江戸語と上方語との相違について口論をさせている。「いき」と「粋」との相違は、同一内容に対する江戸語と上方語との相違であるらしい。したがって、両語の発達を時代的に規定することが出来るかもしれない(『元禄文学辞典』『近松語彙《ちかまつごい》』参照)。もっとも単に土地や時代の相違のみならず、意識現象には好んで「粋《すい》」の語を用い、客観的表現には主として「いき」の語を使うように考えられる場合もある。例えば『春色梅暦』巻之七に出ている流行唄《はやりうた》に「気だてが粋で、なりふりまでも意気で」とある。しかし、また同書巻之九に「意気の情《なさけ》の源」とあるように、意識現象に「いき」の語を用いる場合も多いし、『春色辰巳園』巻之三に「姿も粋な米八《よねはち》」といっているように、客観的表現に「粋」の語を使う場合も少なくない。要するに、「いき」と「粋」とは意味内容を同じくするものと見て差支ないであろう。また、たとえ一は特に意識現象に、他は専ら客観的表現に用いられると仮定しても、客観的表現とは意識現象の客観化にほかならず、したがって両者は結局その根柢《こんてい》においては同一意味内容をもっていることになる。

（3） Stendhal, De l'amour, livre I, chapitre I.

（4） Kellermann, Ein Spaziergang in Japan, 1924, S. 256.

三　「いき」の外延的構造

前節において、我々は「いき」の包含する徴表を内包的に弁別して、「いき」の意味を判明ならしめたつもりである。我々はここに、「いき」と「いき」に関係を有する他の諸意味との区別を考察して、外延的に「いき」の意味を明晰《めいせき》ならしめねばならない。

「いき」に関係を有する主要な意味は「上品」、「派手《はで》」、「渋味」などである。これらはその成立上の存在規定に遡《さかのぼ》って区分の原理を索《もと》める場合に、おのずから二群に分かれる。「上品」や「派手」が存在様態として成立する公共圏は、「いき」や「渋味」が存在様態として成立する公共圏とは性質を異《こと》にしている。そうしてこの二つの公共圏のうち、「上品」および「派手」の属するものは人性的一般存在であり、「いき」および「渋味」の属するものは異性的特殊存在であると断定してもおそらく誤りではなかろう。

　これらの意味は大概みなその反対意味をもっている。「上品」は対立者として「下品」をもっている。「派手」は対立者に「地味」を有する。「いき」の対立者は「野暮」である。ただ、「渋味」だけは判然たる対立者をもっていない。普通には「渋味」と「派手」とを対立させて考えるが、「派手」は相手として「地味」をもっている。さて、「渋味」という言葉はおそらく柿の味から来ているのであろう。しかるに柿は「渋味」のほかになお「甘味」をももっている。渋柿に対しては甘柿がある。それ故、「渋味」の対立者としては「甘味」を考えても差支ないと信ずる。渋茶、甘茶、渋糟《しぶかす》、甘糟、渋皮、甘皮などの反対語の存在も、この対立関係を裏書する。しからば、これらの対立意味はどういう内容をもっているか。また、「いき」といかなる関係に立っているか。

（一）　上品―下品とは価値判断に基づいた対自性の区別、すなわち物自身の品質上の区別である。言葉が表わしているように、上品とは品柄の勝《すぐ》れたもの、下品とは品柄の劣ったものを指している。ただし品《ひん》の意味は一様ではない。上品、下品とはまず物品に関する区別であり得る。ついで人事にもこの区別が適用される。「上品無寒門、下品無勢族」というときには、上品、下品は、人事関係、特に社会的階級性に関係したものとして見られている。歌麿《うたまろ》の『風俗三段娘』は、上品之部、中品之部、下品之部の三段に分れているが、当時の婦女風俗を上流、中流、下流の三に分って描いている。なお仏教語として品を呉音《ごおん》で読んで極楽浄土の階級性を表わす場合もあるが、広義における人事関係と見て差支ない。上品、下品の対立は、人事関係に基づいて更に人間の趣味そのものの性質を表明するようになり、上品とは高雅なこと、下品とは下卑《げび》たことを意味するようになる。

しからば「いき」とこれらの意味とはいかなる関係に立っているであろうか。上品は人性的一般存在の公共圏に属するものとして、媚態とは交渉ないものと考えられる。『春色梅暦《しゅんしょくうめごよみ》』に藤兵衛の母親に関して「さも上品なるそのいでたち」という形容があるが、この母親は既に後家になっているのみならず「歳《とし》のころ、五十歳《いそじ》あまりの尼御前《あまごぜ》」である。そうして、藤兵衛の情婦お由《よし》の示す媚態とは絶好の対照をなしている。しかるにまた「いき」は、その徴表中に「意気地《いきじ》」と「諦め」とを有することに基づいて、趣味の卓越として理解される。したがって、「いき」と上品との関係は、一方に趣味の卓越という意味で有価値的であるという共通点を有し、他方に媚態の有無《うむ》という差異点を有するものと考えられる。また、下品はそれ自身媚態と何ら関係ないことは上品と同様であるが、ただ媚態と一定の関係に置かれやすい性質をもっている。それ故に、「いき」と下品との関係を考える場合には、共通点としては媚態の存在、差異点としては趣味の上下優劣を理解するのが普通である。「いき」が有価値的であるに対して下品は反価値的である。そうしてその場合、しばしば、両者に共通の媚態そのものが趣味の上下によって異なった様態を取るものとして思惟《しい》される。たとえば「意気にして賤《いや》しからず」とか、または「意気で人柄がよくて、下卑た事と云《い》つたら是計《これっぱかり》もない」などといっている場合、「いき」と下品との関係が言表《いいあら》わされている。

「いき」が一方に上品と、他方に下品と、かような関係に立っていることを考えれば、何ゆえにしばしば「いき」が上品と下品との中間者と見做《みな》されるかの理由がわかって来る。一般に上品に或るものを加えて「いき」となり、更に加えて或る程度を越えると下品になるという見方がある。上品と「いき」とは共に有価値的でありながら或るものの有無によって区別される。その或るものを「いき」は反価値的な下品と共有している。それ故に「いき」は上品と下品との中間者と見られるのである。しかしながら、三者の関係をかように直線的に見るのは二次的に起ったことで、存在規定上、原本的ではない。

（二）　派手―地味とは対他性の様態上の区別である。他に対する自己主張の強度または有無の差である。派手《はで》とは葉が外へ出るのである。「葉出」の義である。地《じ》味《み》とは根が地を味わうのである。「地の味」の義である。前者は自己から出て他へ行く存在様態、後者は自己の素質のうちへ沈む存在様態である。自己から出て他へ行くものは華美を好み、花やかに飾るのである。自己のうちへ沈むものは飾りを示すべき相手をもたないから、飾らないのである。豊太閤《ほうたいこう》は、自己を朝鮮にまでも主張する性情に基づいて、桃山時代の豪華《ごうか》燦爛《さんらん》たる文化を致《いた》した。家康《いえやす》は「上を見な」「身の程《ほど》を知れ」の「五字七字」を秘伝とまで考えたから、家臣の美服を戒め鹵《ろ》簿《ぼ》の倹素を命じた。そこに趣味の相違が現われている。すなわち、派手、地味の対立はそれ自身においては何ら価値判断を含んでいない非価値的のものである。対立の意味は積極的と消極的との差別に存している。

「いき」との関係をいえば、派手は「いき」と同じに他に対して積極的に媚態を示し得る可能性をもっている。「派手な浮名が嬉《うれ》しうて」の言葉でもわかる。また「うらはづかしき派手姿も、みなこれ男を思ふより」というときにも、派手と媚態との可能的関係が示されている。しかし、派手の特色たるきらびやかな衒《てら》いは「いき」のもつ「諦め」と相容れない。江戸《えど》褄《づま》の下から加茂《かも》川染《がわぞめ》の襦袢《じゅばん》を見せるというので「派手娘江戸の下より京を見せ」という句があるが、調和も統一も考えないで単に華美《かび》濃艶《のうえん》を衒う「派手娘」の心事と、「つやなし結城《ゆうき》の五ほんて縞《じま》、花色裏のふきさへも、たんとはださぬ」粋者《すいしゃ》の意中とには著しい隔《へだた》りがある。それ故に派手は品質の検校《けんこう》が行われる場合には、往々趣味の下劣が暴露されて下品の極印《ごくいん》を押されることがある。地味は原本的に消極的対他関係に立つために「いき」の有する媚態をもち得ない。その代りに樸素《ぼくそ》な地味は、一種の「さび」を見せて「いき」のうちの「諦め」に通う可能性をもっている。地味が品質の検校を受けてしばしば上品の列に加わるのは、さびた心の奥床《おくゆか》しさによるのである。

（三）　意気―野暮は異性的特殊性の公共圏内における価値判断に基づいた対自性の区別である。もとよりその成立上の存在規定が異性的特殊性である限り、「いき」のうちには異性に対する措定《そてい》が言表されている。しかし、「いき」が野暮と一対《いっつい》の意味として強調している客観的内容は、対他性の強度または有無《うむ》ではなく、対自性に関する価値判断である。すなわち「いき」と野暮との対立にあっては、或る特殊な洗練の有無が断定されているのである。「いき」はさきにもいったように字通りの「意気」である。「気象」である。そうして「気象の精粋」の意味とともに、「世態人情に通暁《つうぎょう》すること」「異性的特殊社会のことに明るいこと」「垢抜《あかぬけ》していること」を意味してきている。野暮は「野夫《やぶ》」の音転であるという。すなわち通人粋客に対して、世態に通じない、人情を解しない野人田夫《やじんでんぷ》の意である。それより惹《ひ》いて、「鄙《ひな》びたこと」「垢抜のしていないこと」を意味するようになってきた。『春告鳥《はるつげどり》』のうちに「生質野夫《やぼ》にて世間の事をすこしも知らず、青楼妓院《せいろうぎいん》は夢にも見たる事なし。されば通君子《つうくんし》の誹《そし》りすくなからず」という言葉がある。また『英対暖語《えいたいだんご》』のうちに「唄女《はおり》とかいふ意気なのでないと、お気には入らないと聞いて居ました。どうして私のやうな、おやしきの野暮な風で、お気には入りませんのサ」という言葉がある。

もとより、「私は野暮です」というときには、多くの場合に野暮であることに対する自負が裏面に言表されている。異性的特殊性の公共圏内の洗練を経ていないことに関する誇りが主張されている。そこには自負に価《あたい》する何らかのものが存している。「いき」を好むか、野暮を択《えら》ぶかは趣味の相違である。絶対的な価値判断は客観的には与えられていない。しかしながら、文化的存在規定を内容とする一対の意味が、一は肯定的に言表され、他は否定的の言葉を冠している場合には、その成立上における原本性および非原本性に関して断定を下すことができるとともに、その意味内容の成立した公共圏内における相対的な価値判断を推知することができる。合理、不合理という語は、理性を標準とする公共圏内でできた語である。信仰、無信仰は、宗教的公共圏を成立規定にもっている。そうして、これらの語はその基礎付《づ》けられている公共圏内にあっては明らかに価値判断を担《にな》っている。さて、意気といい粋といい、いずれも肯定的にいい表わされている。それに反して野暮は同義語として、否定的に言表された不意気《ぶいき》と不粋《ぶすい》とを有する。我々はこれによって「いき」が原本的で、ついで野暮がその反対意味として発生したことを知り得るとともに、異性的特殊性の公共圏内にあっては「いき」は有価値的として、野暮は反価値的として判断されることを想像することができる。玄人《くろうと》から見れば素人《しろうと》は不粋である。自分に近接している「町風《まちふう》」は「いき」として許されるが、自分から疎隔している「屋敷風」は不意気である。うぶな恋も野暮である。不器量な女の厚化粧も野暮である。「不粋なこなさんぢや有るまいし、色里の諸わけをば知らぬ野暮でもあるまいし」という場合にも、異性的特殊性の公共圏内における価値判断の結果として、不粋と野暮とによって反価値性が示されている。

(四)　渋味―甘味は対他性から見た区別で、かつまた、それ自身には何らの価値判断を含んでいない。すなわち、対他性が積極性であるか、消極的であるかの区別が言表されているだけである。渋味は消極的対他性を意味している。柿が肉の中《うち》に渋味を蔵するのは烏《からす》に対して自己を保護するのである。栗が渋い内皮をもっているのは昆虫類に対する防禦《ぼうぎょ》である。人間も渋紙で物を包んで水の浸入に備えたり、渋《じゅう》面《めん》をして他人との交渉を避けたりする。甘味はその反対に積極的対他性を表わしている。甘える者と甘えられる者との間には、常に積極的な通路が開けている。また、人に取入ろうとする者は甘言を提供し、下心ある者は進んで甘茶を飲ませようとする。

対他性上の区別である渋味と甘味とは、それ自身には何ら一定の価値判断を担っていない。価値的意味はその場合その場合の背景によって生じて来るのである。それに「しぶかはにまあだいそれた江戸のみづ」の渋皮は反価値的のものである。それに反して、しぶうるかという場合、うるかは味の渋さを賞するものであるから、渋味は有価値的意味を表現している。甘味についても、たとえば、茶のうちでは玉露に「甘い優美な趣味」があるとか、政《まつりごと》よろしきを得れば天が甘露を降らすとか、または快く承諾することを甘諾《かんだく》といったりする時には、甘味は有価値的意味をもっている。しかるに、「あまっちょ」「甘ったるい物の言い方」「甘い文学」などいう場合には、甘味によって明らかに反価値性が言表されている。

さて、渋味と甘味とが対他性上の消極的または積極的の存在様態として理解される場合には、両者は勝義において異性的特殊性の公共圏に属するものとして考えられる。この公共圏内の対他的関係の常態は甘味である。「甘えてすねて」とか「甘えるすがた色ふかし」などいう言葉に表われている。そうして、渋味は甘味の否定である。荷風は『歓楽』の中で、「其《そ》の土地では一口に姐《ねえ》さんで通るかと思ふ年頃の渋いつくりの女」に出逢《であ》って、その女が十年前に自分と死のうと約束した小菊《こぎく》という芸者であったことを述べている。この場合、その女のもっていた昔の甘味は否定されて渋味になっているのである。渋味はしばしば派手の反対意味として取扱われる。しかしながらそれは渋味の存在性を把握するに妨害をする。派手の反対意味としては地味がある。渋味をも地味をも斉《ひと》しく派手に対立させることによって、渋味と地味とを混同する結果を来たす。渋味と地味とは共に消極的対他性を表わす点に共通点をもっているが、重要なる相違点は、地味が人性的一般性を公共圏として甘味とは始めより何ら関係なく成立しているに反して、渋味は異性的特殊性を公共圏として甘味の否定によって生じたものであるという事実である。したがって、渋味は地味よりも豊富な過去および現在をもっている。渋味は甘味の否定には相違ないが、その否定は忘却とともに回想を可能とする否定である。逆説のようであるが、渋味には艶《つや》がある。

しからば、渋味および甘味は「いき」とはいかなる関係に立っているか。三者とも異性的特殊存在の様態である。そうして、甘味を常態と考えて、対他的消極性の方向へ移り行くときに、「いき」を経て渋味に到る路《みち》があることに気附くのである。この意味において、甘味と「いき」と渋味とは直線的関係に立っている。そうして「いき」は肯定より否定への進路の中間に位《くらい》している。(1)

独断の「甘い」夢が破られて批判的知見に富んだ「いき」が目醒《めざ》めることは、「いき」の内包的構造のところで述べた。また、「いき」が「媚態のための媚態」もしくは「自律的遊戯」の形を取るのは「否定による肯定」として可能であることも言った。それは甘味から「いき」への推移について語ったにほかならない。しかるに、更に否定が優勢を示して極限に近づく時には「いき」は渋味に変ずるのである。荷風の「渋いつくりの女」は、甘味から「いき」を経て渋味に行ったに相違ない。

歌沢《うたざわ》の或るもののうちに味わわれる渋味も畢竟《ひっきょう》、清元《きよもと》などのうちに存する「いき」の様態化であろう。辞書『言海』の「しぶし」の条下に「くすみていきなり」と説明してあるが、渋味が「いき」の様態化であることを認めているわけである。そうしてまた、この直線的関係において「いき」が甘味へ逆戻りをする場合も考え得る。すなわち「いき」のうちの「意気地」や「諦め」が存在を失って、砂糖のような甘ったるい甘味のみが「甘口」な人間の特徴として残るのである。国貞《くにさだ》の女が清長《きよなが》や歌麿《うたまろ》から生れたのはこういう径路《けいろ》を取っている。

以上において我々はほぼ「いき」の意味を他の主要なる類似意味と区別することができたと信ずる。また、これらの類似意味との比較によって、意味体験としての「いき」が、単に意味としての客観性を有するのみならず、趣味として価値判断の主体および客体となることが暗示されたと思う。その結果として我々は、「いき」を或る趣味体系の一員として他の成員との関係において会得《えとく》することができるのである。その関係はすなわち左のとおりである。

人性的一般性に基づくもの	対自的（価値的）	上品（有価値的）——下品（反価値的）
	対他的（非価値的）	派手（積極的）——地味（消極的）
異性的特殊性に基づくもの	対自的（価値的）	意気（有価値的）——野暮（反価値的）
	対他的（非価値的）	甘味（積極的）——渋味（消極的）

もとより、趣味はその場合その場合には何らかの主観的価値判断を伴っている。しかしその判断が客観的に明瞭に主張される場合と、主観内に止《とど》まって曖昧《あいまい》な形より取らない場合とがある。いま仮りに前者を価値的といい、後者を非価値的というのである。

なお、この関係は、左図のように、直六面体の形で表わすことができる。この図において、正方形をなす上下の両面は、ここに取扱う趣味様態の成立規定たる両公共圏を示す。底面は人性的一般性、上面は異性的特殊性を表わす。八個の趣味を八つの頂点に置く。上面および底面上にて対角線によって結び付けられた頂点に位置を占むる趣味は相《あい》対立する一対を示す。もとより何と何とを一対として考えるかは絶対的には決定されていない。上面と底面において、正方形の各辺によって結び付けられた頂点(例えば意気と渋味)、側面の矩《く》形《けい》において、対角線によって結び付けられた頂点(例えば意気と派手)、直六面体の側稜《そくりょう》によって結び付けられた頂点(例えば意気と上品)、直六面体の対角線によって結び付けられた頂点(例えば意気と下品)、これらのものは常に何らかの対立を示している。すなわち、すべての頂点は互いに対立関係に立つことができる。上面と底面において、正方形の対角線によって対立する頂点はそのうちで対立性の最も顕著なものである。その対立

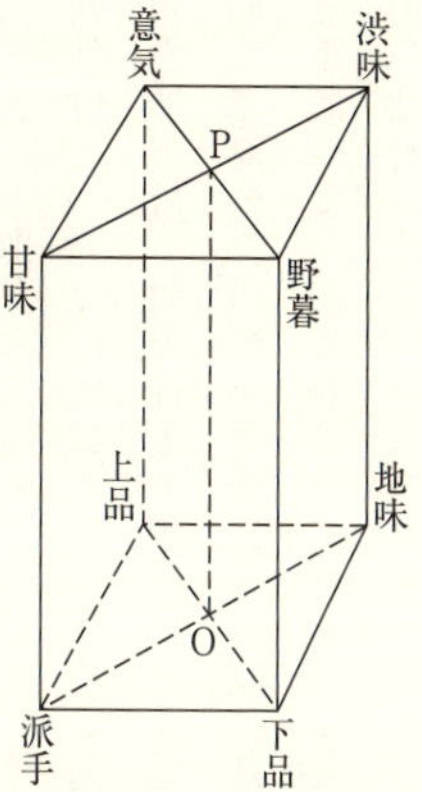

の原理として、我々は、各公共圏において、対自性と対他性とを考えた。対自性上の対立は価値判断に基づくもので、対立者は有価値的と反価値的との対照を示した。対他性上の対立は価値とは関係ない対立で、対立者は積極的と消極的とに分れた。六面体では、対自性上の価値的対立と、対他性上の非価値的対立とは、上下の正方形の二対の対角線が六面体を垂直に截《き》ることによって生ずる二つの互に垂直に交わる矩形によって表わされている。すなわち、上品、意気、野暮、下品を角頂にもつ矩形は対自性上の対立を示し、派手、甘味、渋味、地味を角頂とする矩形は対他性上の対立を表わしている。いま、底面の正方形の二つの対角線の交点をOとし、上面の正方形の二つの対角線の交点をPとし、この二点を結び付ける法線OPを引いてみる。この法線OPは対自性的矩形面と対他性的矩形面との相交《あいまじわ》る直線にほかならないが、この趣味体系内にあっての具体的普遍者を意味している。その内面的発展によって外囲《がいい》に特殊の趣味が現われて来る。さてこの法線OPは、対自性的矩形と、対他性的矩形とのおのおのを垂直に二等分している。その結果としてできたO、P、意気、上品の矩形は有価値性を表わし、O、P、野暮、下品の矩形は反価値性を表わす。また、O、P、甘味、派手の矩形は積極性、O、P、渋味、地味の矩形は消極性を表わしている。

なおこの直六面体は、他の同系統の種々の趣味をその表面または内部の一定点に含有すると考えても差支ないであろう。いま、すこし例を挙げてみよう。

「さび」とは、O、上品、地味のつくる三角形と、P、意気、渋味のつくる三角形とを両端面に有する三角壔《さんかくちゅう》の名称である。わが大和《やまと》民族の趣味上の特色は、この三角壔が三角壔の形で現勢的に存在する点にある。

「雅」は、上品と地味と渋味との作る三角形を底面とし、Oを頂点とする四面体のうちに求むべきものである。

「味」とは、甘味と意気と渋味とのつくる三角形を指していう。甘味、意気、渋味が異性的特殊存在の様態化として直線的関係をもつごとく考え得る可能性は、この直角三角形の斜辺ならざる二辺上において、甘味より意気を経て渋味に至る運動を考えることに存している。

「乙」とは、この同じ三角形を底面とし、下品を頂点とする四面体のうちに位置を占めているものであろう。

「きざ」は、派手と下品とを結び付ける直線上に位している。

「いろっぽさ」すなわちcoquetは、上面の正方形内に成立するものであるが、底面上に射影を投ずることがある。上面の正方形においては、甘味と意気とを結び付けている直線に平行してPを通る直線が正方形の二辺と交わる二点がある。この二つの交点と甘味と意気とのつくる矩形全体がいろっぽさである。底面上に射影を投ずる場合には、派手と下品とを結び付ける直線に平行してOを通る直線が正方形の二辺と交わる二つの交点と、派手と、下品とがつくる矩形がいろっぽさを表わしている。上品と意気と下品とを直線的に考えるのは、いろっぽさの射影を底面上に仮定した後、上品と意気と下品の三点を結んで一の三角形を作り、上品から出発して意気を経て下品へ行く運動を考えることを意味しているはずである。影は往々実物よりも暗いものである。

chicとは、上品と意気との二頂点を結び付ける直線全体を漠然《ばくぜん》と指している。

raffinéとは、意気と渋味とを結び付ける直線が六面体の底面に向って垂直に運動し、間もなく静止した時に、その運動が描いた矩形の名称である。

要するに、この直六面体の図式的価値は、他の同系統の趣味がこの六面体の表面および内部の一定点に配置され得る可能性と函数的《かんすうてき》関係をもっている

（1）『船頭部屋』に「ここも都の辰巳《たつみ》とて、喜撰《きせん》は朝茶の梅干に、栄代団子《えいたいだんご》の角《かど》とれて、酸いも甘いもかみわけた」という言葉があるように、「いき」すなわち粋の味は酸いのである。そうして、自然界における関係の如何《いかん》は別として、意識の世界にあっては、酸味は甘味と渋味との中間にあるのである。また渋味は、自然界にあっては不熟の味である場合が多いが、精神界にあってはしばしば円熟した趣味である。広義の擬古主義が蒼古的《そうこてき》様式の古拙性を尊ぶ理由もそこにある。渋味に関して、正、反、合の形式をとって弁証法が行われているとも考えられる。「鶯《うぐいす》の声まだ渋く聞《きこ》ゆなり、すだちの小野の春の曙《あけぼの》」というときの渋味は、渋滞の意で第一段たる「正」の段階を示している。それに対して、甘味は第二段たる「反」の段階を形成する。そうして「無地表《むじおもて》、裏模様《うらもよう》」の渋味、すなわち趣味としての渋味は、甘味を止揚したもので、第三段たる「合」の段階を表わしている。

四　「いき」の自然的表現

今までは意識現象としての「いき」を考察してきた。今度は客観的表現の形を取った「いき」を、理解さるべき存在様態と見てゆかねばならぬ。意味としての「いき」の把握は、後者を前者の上に基礎附《づ》け、同時に全体の構造を会得する可能性に懸《かか》っている。さて「いき」の客観的表現は、自然形式としての表現、すなわち自然的表現と、芸術形式としての表現、すなわち芸術的表現との二つに区別することができる。この両表現形式がはたして截然《せつぜん》たる区別を許すかの問題[1]、すなわち自然形式とは畢竟《ひっきょう》芸術形式にほかならないのではないかという問題は極めて興味ある問題であるが、今はその問題には触れずに、単に便宜上、通俗の考え方に従って自然形式と芸術形式との二つに分けてみる。まず自然形式としての表現について考えてみよう。自然形式といえば、いわゆる「象徴的感情移入」の形で自然界に自然象徴を見る場合、たとえば柳や小雨を「いき」と感ずるごとき場合をも意味し得るが、ここでは特に「本来的感情移入」の範囲に属する身体的発表を自然形式と考えておく。

身体的発表としての「いき」の自然形式は、聴覚としてはまず言葉づかい、すなわちものの言振《いいぶ》りに表われる。「男へ対しそのものいひは、あまえずして色気あり」とか「言《こと》の葉草《はぐさ》も野暮ならぬ」とかいう場合がそれであるが、この種の「いき」は普通は一語の発音の仕方、語尾の抑揚などに特色をもってくる。すなわち、一語を普通よりもやや長く引いて発音し、しかる後、急に抑揚を附《つ》けて言い切ることは言葉遣《ことばづかい》としての「いき」の基礎をなしている。この際、長く引いて発音した部分と、急に言い切った部分とに、言葉のリズムの上の二元的対立が存在し、かつ、この二元的対立が「いき」のうちの媚態《びたい》の二元性の客観的表現と解される。音声としては、甲走《かんばし》った最高音よりも、ややさびの加わった次高音の方が「いき」である。そうして、言葉のリズムの二元的対立が次高音によって構成された場合に、「いき」の質料因と形相因とが完全に客観化されるのである。しかし、身体的発表としての「いき」の表現の自然形式は視覚において最も明瞭なかつ多様な形で見られる。(2)

視覚に関する自然形式としての表現とは、姿勢、身振《みぶり》その他を含めた広義の表情と、その表情の支持者たる基体とを指していうのである。まず、全身に関しては、姿勢を軽く崩すことが「いき」の表現である。鳥居清長《とりいきよなが》の絵には、男姿、女姿、立姿、居姿、後姿、前向、横向などあらゆる意味において、またあらゆるニュアンスにおいて、この表情が驚くべき感受性をもって捉《とら》えてある。「いき」の質料因たる二元性としての媚態は、姿体の一元的平衡《へいこう》を破ることによって、異性へ向う能動性および異性を迎うる受動性を表現する。しかし「いき」の形相因たる非現実的理想性は、一元的平衡の破却に抑制と節度とを加えて、放縦なる二元性の措定《そてい》を妨止《ぼうし》する。「白楊の枝の上で体をゆすぶる」セイレネスの妖態《ようたい》や「サチロス仲間に気に入る」バックス祭尼の狂態、すなわち腰部を左右に振って現実の露骨のうちに演ずる西洋流の媚態は、「いき」とは極めて縁遠い。「いき」は異性への方向をほのかに暗示するものである。姿勢の相称性が打破せらるる場合に、中央の垂直線が、曲線への推移において、非現実的理想主義を自覚することが、「いき」の表現としては重要なことである。

なお、全身に関して「いき」の表現と見られるのはうすものを身に纏うことである。「明石《あかし》からほのぼのとすく緋縮緬《ひぢりめん》」という句があるが、明石縮《あかしちぢみ》を着た女の緋の襦袢《じゅばん》が透いて見えることをいっている。うすもののモティーフはしばしば浮世絵にも見られる。そうしてこの場合、「いき」の質料因と形相因との関係が、うすものの透かしによる異性への通路開放と、うすものの覆《おお》いによる通路封鎖として表現されている。メディチのヴェヌスは裸体に加えた両手の位置によって特に媚態を言表しているが、言表の仕方があまりにあからさまに過ぎて「いき」とはいえない。また、巴里《パリ》のルヴューに見る裸体が「いき」に対して何らの関心をももっていないことはいうまでもない。

「いき」な姿としては湯上り姿もある。裸体を回想として近接の過去にもち、あっさりした浴衣《ゆかた》を無《む》造作《ぞうさ》に着ているところに、媚態とその形相因とが表現を完《まっと》うしている。「いつも立寄る湯帰りの、姿も粋な」とは『春色辰巳園《しゅんしょくたつみのその》』の米八《よねはち》だけに限ったことではない。「垢抜《あかぬけ》」した湯上り姿は浮世絵にも多い画面である。春信《はるのぶ》も湯上り姿を描いた。それのみならず、既に紅絵《べにえ》時代においてさえ奥村政信《おくむらまさのぶ》や鳥居《とりい》清《きよ》満《みつ》などによって画かれていることを思えば、いかに特殊の価値をもっているかがわかる。歌麿《うたまろ》も『婦女相学十躰《ふじょそうがくじったい》』の一つとして浴後の女を描くことを忘れなかった。しかるに西洋の絵画では、湯に入っている女の裸体姿は往々あるにかかわらず、湯上り姿はほとんど見出すことができない。

表情の支持者たる基体についていえば、姿が細っそりして柳腰であることが、「いき」の客観的表現の一と考え得る。この点についてほとんど狂信的な信念を声明しているのは歌麿である。また、文化文政《ぶんかぶんせい》の美人の典型も元禄《げんろく》美人に対して特にこの点を主張した。『浮世風呂』に「細くて、お綺麗《きれい》で、意気で」という形容詞の一聯《いちれん》がある。「いき」の形相因は非現実的理想性である。一般に非現実性、理想性を客観的に表現しようとすれば、いきおい細長い形を取ってくる。細長い形状は、肉の衰えを示すとともに霊の力を語る。精神自体を表現しようとしたグレコは、細長い絵ばかり描いた。ゴシックの彫刻も細長いことを特徴としている。我々の想像する幽霊も常に細長い形をもっている。「いき」が霊化された媚態である限り、「いき」な姿は細っそりしていなくてはならぬ。

以上は全身に関する「いき」であったが、なお顔面に関しても、基体としての顔面と、顔面の表情との二方面に「いき」が表現される。基体としての顔面、すなわち顔面の構造の上からは、一般的にいえば丸顔よりも細おもての方が「いき」に適合している。「当世顔は少し丸く」と西鶴《さいかく》が言った元禄の理想の豊麗《ほうれい》な丸顔に対して、文化文政が細面《ほそおもて》の瀟洒《しょうしゃ》を善《よ》しとしたことは、それを証している。そうして、その理由が、姿全体の場合と同様の根拠に立っているのはいうまでもない。

顔面の表情が「いき」なるためには、眼と口と頬とに弛緩と緊張とを要する。これも全身の姿勢に軽微な平衡破却《へいこうはきゃく》が必要であったのと同じ理由から理解できる。眼については、流眄《りゅうべん》が媚態の普通の表現である。流眄、すなわち流し目とは、瞳《ひとみ》の運動によって、媚《こび》を異性にむかって流し遣《や》ることである。その様態化としては、横目、上目《うわめ》、伏目《ふしめ》がある。側面に異性を置いて横目を送るのも媚であり、下を向いて上目ごしに正面の異性を見るのも媚である。伏目もまた異性に対して色気ある恥かしさを暗示する点で媚の手段に用いられる。これらのすべてに共通するところは、異性への運動を示すために、眼の平衡を破って常態を崩すことである。しかし、単に

「色目」だけでは未《ま》だ「いき」ではない。「いき」であるためには、なお眼が過去の潤いを想起させるだけの一種の光沢を帯び、瞳はかろらかな諦《あきら》めと凜乎《りんこ》とした張りとを無言のうちに有力に語っていなければならぬ。口は、異性間の通路としての現実性を具備していることと、運動について大なる可能性をもっていることとに基づいて、「いき」の表現たる弛《し》緩《かん》と緊張とを極めて明瞭な形で示し得るものである。「いき」の無目的な目的は、唇《くちびる》の微動のリズムに客観化される。そうして口紅は唇の重要性に印を押している。頰は、微笑の音階を司《つかさど》っている点で、表情上重要なものである。微笑としての「いき」は、快活な長音階よりはむしろやや悲調を帯びた短音階を択《えら》ぶのが普通である。西鶴は頰の色の「薄花桜」であることを重要視しているが、「いき」な頰は吉井勇《よしいいさむ》が「うつくしき女なれども小夜子《さよこ》は凄艶《せいえん》なれば秋にたとへむ」といっているような秋の色を帯びる傾向をもっている。要するに顔面における「いき」の表現は、片目を塞《ふさ》いだり、口部を突出させたり、「双頰《そうきょう》でジャズを演奏する」などの西洋流の野暮さと絶縁することを予件としている。

なお一般に顔の粧《よそお》いに関しては、薄化粧が「いき」の表現と考えられる。江戸時代には京阪の女は濃艶な厚化粧《あつげしょう》を施したが、江戸ではそれを野暮と卑《いや》しんだ。江戸の遊女や芸者が「婀娜《あだ》」といって貴《たっと》んだのも薄化粧のことである。「あらひ粉にて磨きあげたる貌《かお》へ、仙女香をすりこみし薄化粧は、ことさらに奥ゆかし」と春水もいっている。また西沢李叟《にしざわりそう》は江戸の化粧に関して「上方《かみがた》の如く白粉《おしろい》べたべたと塗る事なく、至つて薄く目立たぬをよしとす、元来女は男めきたる気性ある所の故《ゆえ》なるべし」といっている。「いき」の質料因と形相因とが、化粧を施すという媚態の言表と、その化粧を暗示に止《とど》めるという理想性の措定《そてい》とに表われている。

髪は略式のものが「いき」を表現する。文化文政には正式な髪《かみ》は丸髷《まるまげ》と島田髷《しまだまげ》とであった。かつ島田髷としてはほとんど文金高髷《ぶんきんたかまげ》に限られた。これに反して、「いき」と見られた結振《ゆいぶ》りは銀杏髷《いちょうまげ》、楽屋結《がくやゆい》など略式の髪か、さもなくば島田でも潰《つぶ》し島田、投げ島田など正形の崩れたものであった。また特に粋を標榜《ひょうぼう》していた深川の辰巳風俗としては、油を用いない水髪が喜ばれた。「後ろを引詰《ひっつ》め、たぼは上の方へあげて水髪にふつくりと少し出し」た姿は、「他所《よそ》へ出してもあたま許《ばか》りで辰巳仕入と見えたり」と『船頭深話《せんどうしんわ》』はいっている。正式な平衡を破って、髪の形を崩すところに異性へ向って動く二元的「媚態」が表われてくる。またその崩し方が軽妙である点に「垢抜」が表現される。「結ひそそくれしおくれ髪」や「ゆふべほつるる鬢《びん》の毛」がもつ「いき」も同じ理由から来ている。しかるにメリサンドが長い髪を窓外のペレアスに投げかける所作《しょさ》には「いき」なところは少しもない。また一般にブロンドの髪のけばけばしい黄金色《こがねいろ》よりは、黒髪のみどりの方が「いき」の表現に適合性をもっている。

なお「いき」なものとして抜き衣紋が江戸時代から屋敷方以外で一般に流行した。襟足《えりあし》を見せるところに媚態がある。喜田川守貞《きたがわもりさだ》の『近世風俗志』に「首筋に白粉ぬること一本足と号《い》つて、際立《きわだ》たす」といい、また特に遊女、町芸者の白粉について「頸《くび》は極《きわめ》て濃粧す」といっている。そうして首筋の濃粧は主として抜《ぬ》き衣紋《えもん》の媚態を強調するためであった。この抜き衣紋が「いき」の表現となる理由は、衣紋の平衡を軽く崩し、異性に対して肌への通路をほのかに暗示する点に存している。また、西洋のデコルテのように、肩から胸部と背部との一帯を露出する野暮に陥らないところは、抜き衣紋の「いき」としての味があるのである。

左褄を取ることも「いき」の表現である。「歩く拍子《ひょうし》に紅《もみ》のはつちと浅黄《あさぎ》縮緬《ちりめん》の下帯《したおび》がひらりひらりと見え」とか「肌の雪と白き浴衣《ゆかた》の間にちらつく緋縮緬の湯もじを蹴出《けだ》すうつくしさ」とかは、確かに「いき」の条件に適《かな》っているに相違ない。『春告鳥《はるつげどり》』の中で「入り来《きた》る婀娜者《あだもの》」は「褄《つま》をとつて白き足を見せ」ている。浮世絵師も種々の方法によって脛《はぎ》を露出させている。そうして、およそ裾《すそ》さばきのもつ媚態をほのかな形で象徴化したものがすなわち左褄《ひだりづま》である。西洋近来の流行が、一方には裾を短くしてほとんど膝《ひざ》まで出し、他方には肉色の靴下をはいて錯覚の効果を予期しているのに比して、「ちよいと手がるく褄をとり」というのは、遥《はる》かに媚態としての繊巧《せんこう》を示している。

素足もまた「いき」の表現となる場合がある。「素足《すあし》も、野暮な足袋《たび》ほしき、寒さもつらや」といいながら、江戸芸者は冬も素足を習《ならい》とした。粋者《すいしゃ》の間にはそれを真似《まね》て足袋を履《は》かない者も多かったという。着物に包んだ全身に対して足だけを露出させるのは、確かに媚態の二元性を表わしている。しかし、この着物と素足との関係は、全身を裸にして足だけに靴下または靴を履く西洋風の露骨さと反対の方向を採っている。そこにまた素足の「いき」たる所以《ゆえん》がある。

　手は媚態と深い関係をもっている。「いき」の無関心な遊戯が男を魅惑する「手《て》管《くだ》」は、単に「手附《てつき》」に存する場合も決して少なくない。「いき」な手附は手を軽く反らせることや曲げることのニュアンスのうちに見られる。歌麿の絵のうちには、全体の重心が手一つに置かれているのがある。しかし、更に一歩を進めて、手は顔に次いで、個人の性格を表わし、過去の体験を語るものである。我々はロダンが何《なに》故《ゆえ》にしばしば手だけを作ったかを考えてみなければならぬ。手判断は決して無意味なものではない。指先まで響いている余韻によって魂そのものを判断するのは不可能ではない。そうして、手が「いき」の表現となり得る可能性も畢竟《ひっきょう》この一点に懸《かか》っている。

　以上、「いき」の身体的発表を、特にその視覚的発表(3)を、全身、顔面、頭部、頸《くび》、脛《はぎ》、足、手について考察した。およそ意識現象としての「いき」は、異性に対する二元的措定《そてい》としての媚態が、理想主義的非現実性によって完成されたものであった。その客観的表現である自然形式の要点は、一元的平衡を軽妙に打破して二元性を暗示するという形を採るものとして闡明《せんめい》された。そうして、平衡を打破して二元性を措定する点に「いき」の質料因たる媚態が表現され、打破の仕方のもつ性格に形相因たる理想主義的非現実性が認められた。

(1) この問題に関しては、Utitz, Grundlegung der allgemeinen Kunstwissenschaft, 1914, I, S. 74ff. および Volkelt, System der Aesthetik, 1925, III, S. 3f. 参照。

(2) 味覚、嗅覚《きゅうかく》、触覚に関する「いき」は、「いき」の構造を理解するために相当の重要性をもっている。味覚としての「いき」については、次のことがいえる。第一に、「いき」な味とは、味覚が味覚だけで独立したような単純なものではない。米八が『春色恵《しゅんしょくめぐみ》の花《はな》』のうちで「そんな色気のないものをたべて」と貶《けな》した「附焼団子《つけやきだんご》」は味覚の効果をほとんど味覚だけに限っている。「いき」な味とは、味覚の上に、例えば「きのめ」や柚《ゆず》の嗅覚や、山椒《さんしょ》や山葵《わさび》の触覚のようなものの加わった、刺戟《しげき》の強い、複雑なものである。第二の点として、「いき」な味は、濃厚なものではない。淡白なものである。味覚としての「いき」は「けもの店《だな》の山鯨《やまくじら》」よりも「永代《えいたい》の白魚《しらうお》」の方向に、「あなごの天麩羅《てんぷら》」よりも「目川《めがわ》の田楽《でんがく》」の方向に索《もと》めて行かなければならない。要するに「いき」な味とは、味覚のほかに嗅覚や触覚も共に働いて有機体に強い刺戟を与えるもの、しかも、あっさりした淡白なものである。しかしながら、味覚、嗅覚、触覚などは身体的発表として「いき」の表現となるのではない。「象徴的感情移入」によって一種の自然象徴が現出されるに過ぎない。身体的発表としての「いき」の自然形式は、聴覚と視覚に関するものと考えて差支ないであろう。そうして視覚に関してはアリストテレスが『形而上学《けいじじょうがく》』の巻頭にいっている言葉がここにも妥当する。曰《いわ》く「この感覚は他の感覚よりも我々にものを最もよく認識させ、また多くの差異を示す」(Aristoteles, Metaphysica A 1, 980a)。

(3)「いき」の身体的発表はおのずから舞踊へ移って行く。その推移には何らの作為も無理もない。舞踊となったときに初めて芸術と名付けて、身振と舞踊との間に境界を立てることにかえって作為と無理とがある。アルベール・メーボンはその著『日本の演劇』のうちで、日本の芸者が「装飾的および叙述的身振に巧妙である」ことを語った後に、日本の舞踊に関して次のようにいっている。「身振によって思想および感情を翻訳することについては日本派のもっている知識は無尽蔵である。……足と脛《はぎ》とは拍子の主調を明らかにし、かつ保つ役をする。軀幹《くかん》、肩、頸《くび》、首、腕、手、指は心的表現の道具である」(Albert Maybon, Le théâtre japonais, 1925, pp. 75–76)。我々はいま便宜上、「いき」の身体的発表を自然形式と見て、舞踊から離して取扱った。しかし、なおこの上に舞踊のうちにあらわれている「いき」の芸術形式を考察することは、おそらく「いき」の自然形式の考察を繰返すことに終るか、またはそれに些少《さしょう》の変更を加えるに止《とど》まるであろう。

五 「いき」の芸術的表現

「いき」の芸術形式の考察に移らなければならぬ。「いき」の表現と芸術との関係は、客観的芸術と主観的芸術とによって表現の仕方に著しい差異がある。およそ芸術は、表現の手段によって空間芸術と時間芸術とに分け得るほかに、表現の対象によって主観的芸術と客観的芸術とに分け得る。芸術が客観的であるというのは、芸術の内容が具体的表象そのものに規定される場合である。主観的であるとは、具体的表象に規定されず、芸術の形成原理が自由に抽象的に作動する場合である。絵画、彫刻、詩は前者に属し、模様、建築、音楽は後者に属する。前者は模倣芸術と呼ばれ、後者は自由芸術と呼ばれることもある。さて、客観的芸術にあっては、意識現象としての「いき」、または客観的表現の自然形式としての「いき」が、具体的な形のままで芸術の内容を形成して来る。すなわち、絵画および彫刻は「いき」の表現の自然形式をそのまま内容として表出することができる。さきに「いき」な身振または表情を述べた時に、しばしば浮世絵の例を引くことができたのはそのためである。また広義の詩、すなわち文学的生産一般は「いき」の表情、身振を描写し得るほかに、意識現象としての「いき」を描写することができる。さきに意識現象としての「いき」の闡明《せんめい》に際して、文学上の例に拠《よ》ることのできた理由はそこにある。しかしながら、客観的芸術がかように「いき」を内容として取扱う可能性を有することは、純粋なる芸術形式としての「いき」の完全なる成立には妨害をする。既に内容として具体的な「いき」を取扱っているから、「いき」を芸術形式として客観化することにはさほどの関心と要求とを感じないのである。もとより、客観的、主観的の別は、必ずしも厳密には立てられないむしろ便宜上の区別であるから、いわゆる客観的芸術にあっても「いき」の芸術形式が形成原理として全然存在しないことはない。たとえば、絵画については輪廓《りんかく》本位の線画であること、色彩が濃厚でないこと、構図の煩雑《はんざつ》でないことなどが「いき」の表現に適合する形式上の条件となり得る。また、詩、すなわち文学的生産にあっては、特に狭義の詩のうちに、リズムの性質において、「いき」の芸術形式を索《もと》め得ないことはない。俳句のリズムと都々逸《どどいつ》のリズムとが、「いき」の表現に対していかなる関係を有するかは問題として考察することができる。しかし、いわゆる客観的芸術にあっては、「いき」の芸術形式は必ずしも鮮明な一義的な形をもっては表われていない。それに反して、主観的芸術は具体的な「いき」を内容として取扱う可能性を多くもたないために、抽象的な形式そのものに表現の全責任を託し、その結果、「いき」の芸術形式はかえって鮮やかな形をもって表われてくるのである。したがって「いき」の表現の芸術形式は主として主観的芸術、すなわち自由芸術の形成原理のうちに索めなければならぬ。

自由芸術として第一に模様は「いき」の表現と重大な関係をもっている。しからば、模様としての「いき」の客観化はいかなる形を取っているか。まず何らか「媚態」の二元性が表わされていなければならぬ。またその二元性は「意気地」と「諦《あきら》め」の客観化として一定の性格を備えて表現されていることを要する。さて、幾何学的図形としては、平行線ほど二元性を善く表わしているものはない。永遠に動きつつ永遠に交わらざる平行線は、二元性の最も純粋なる視覚的客観化である。模様として縞《しま》が「いき」と看做《みな》されるのは決して偶然ではない。『昔々物語』によれば、昔は普通の女が縫箔《ぬいはく》の小袖《こそで》を着るに対して、遊女が縞物を着たという。天明《てんめい》に至って武家《ぶけ》に縞物着用が公許されている。そうして、文化文政《ぶんかぶんせい》の遊士通客は縞縮緬《しまちりめん》を最も好んだ。『春告鳥』は「主女に対する客人のいで立ち」を叙して「上著《うわぎ》は媚茶《こびちゃ》の……縞の南部縮緬、羽織《はおり》は唐桟《とうざん》の……ごまがら縞、……その外《ほか》持物懐中もの、これに準じて意気なることと、知りたまふべし」といっている。また『春色梅暦』では、丹次郎《たんじろう》を尋《たず》ねて来る米八《よねはち》の衣裳《いしょう》について「上田太織《うえだふとり》の鼠《ねずみ》の棒縞、黒の小柳に紫の山まゆ縞の縮緬を鯨帯《くじらおび》とし」と書いてある。しからば、いかなる種類の縞が特に「いき」であろうか。

まず、横縞よりも縦縞の方が「いき」であるといえる。着物の縞柄《しまがら》としては宝暦《ほうれき》ごろまでは横縞よりなかった。縞のことを織筋《おりすじ》といったが、織筋は横を意味していた。「熨斗目《のしめ》」の腰に織り出してある横縞や、「取染《とりぞめ》」の横筋はいずれも宝暦前の趣味である。しかるに、宝暦、明和《めいわ》ごろから縦縞が流行し出して、文化文政には縦縞のみが専ら用いられるようになった。縦縞は文化文政の「いき」な趣味を表わしている。しからば何故《なにゆえ》、横縞よりも縦縞の方が「いき」であるのか。その理由の一つとしては、横縞よりも縦縞の方が平行線を平行線として容易に知覚させるということがあるであろう。両眼の位置は左右に、水平に並んでいるから、やはり左右に、水平に平行関係の基礎の存するもの、すなわち左右に並んで垂直に走る縦縞の方が容易に平行線として知覚される。平行関係の基礎が上下に、垂直に存して水平に走る横縞を、平行線として知覚するには両眼は多少の努力を要する。換言すれば、両眼の位置に基づいて、水平は一般に事物の離合関係を明瞭《めいりょう》に表わすものである。したがって、縦縞にあっては二線の乖離的《かいりてき》対立が明晰《めいせき》に意識され、横縞にあっては一線の継起的《けいきてき》連続が判明に意識されるのである。すなわち縦縞の方が二元性の把握に適合した性質をもっている。なおまた、他の理由としては、重力の関係もあるに相違ない。横縞には重力に抗して静止する地層の重味がある。縦縞には重力とともに落下する小雨や「柳条」の軽味がある。またそれに関連して、横縞は左右に延びて場面の幅を広く太く見せ、縦縞は上下に走って場面を細長く見せる。要するに、横縞よりも縦縞の方が「いき」であるのは、平行線としての二元性が一層明瞭に表われているためと、軽巧精粋《けいこうせいすい》の味が一層多く出ているためであろう。もっとも、横縞が特に「いき」と感ぜられる場合もないことはない。しかしそれは種々特殊な制約の下《もと》においてである。第一に、そういう場合は、縦縞と相対的関係をもっている。すなわち、縦縞にくくりを附《つ》けているようなときに、横縞は特に「いき」と感ぜられる。例えば縦縞の着物に対して横縞の帯を用いるとか、下駄《げた》の木目《もくめ》または塗り方に縦縞が表われているとき緒《お》に横縞を用いるとかいうような場合である。第二に、場面全体の形状と相対的関係をもっている。例えば、すらりとした姿の女が横縞の着物を着たような場合、その横縞は特に「いき」である。およそ横縞は場面を広く太く見せるから、肥《ふと》った女は横縞の着物を着るに堪《た》えない。それに反して、すらりと細い女には横縞の着物もよく似合うのである。しかし横縞そのものが縦縞より「いき」であるのではない。全身の基体において既に「いき」の特徴をもった人間が、横縞に背景を提供するときに初めて、横縞が特に「いき」となるのである。第三に、感覚および感情の耐時性と関係している。すなわち、縦縞が感覚および感情にとってあまりに陳腐《ちんぷ》なものとなってしまった場合、換言すれば感覚および感情が縦縞に対して鈍痲した場合に、横縞が清新な味をもって特に「いき」と感ぜられることが可能である。最近、流行界における横縞の復興が、横縞のうちに特に「いき」の性質を見させる傾向をもっているのは、主としてこの理由に基づいている。縦縞と横縞との「いき」に対する関係を考察するためには、これら種々の特殊な制約を全く離れて、両者の縞模様としての絶対価値について判断がなされなければならない。なお、縦縞のうちでは万筋《まんすじ》、千筋《せんすじ》の如く細密を極《きわ》めたものや、子持縞《こもちじま》、やたら縞のごとく筋の大小広狭にあまり変化の多いものは、平行線としての二元性が明瞭を欠くために「いき」の効果を十分に奏しない。「いき」であるためには、縞が適宜の荒さと単純さとを備えて、二元性が明晰に把握されることが肝要である。

垂直の平行線と水平の平行線とが結合した場合は、模様として縦横縞が生じてくる。縦横縞は概して縦縞よりも横縞よりも「いき」でない。平行線の把握が容易の度を減じたからである。縦横縞のうちでも縞の荒いいわゆる碁盤縞《ごばんじま》は「いき」の表現であり得ることがある。しかしそのためには、我々の眼が水平の平行線の障碍《しょうがい》を苦にしないで、垂直の平行線の二元性をひとむきに追うことが必要である。碁盤縞がそのまま左右いずれへか回転して、垂直線と四十五度の角をなして静止した場合、すなわち、垂直の平行線と水平の平行線とが垂直性および水平性を失って共に斜《なな》めに平行線の二系統を形成する場合、碁盤縞はその具有していた「いき」を失うのを常とする。何故《なぜ》ならば、眼はもはや、平行線の二元性を停滞なく追求することができないで、正面より直視する限りは、系統を異《こと》にする二様の平行線の交点のみを注視するようになるからである。なお、正方形の碁盤縞が長方形に変じた場合は格子縞《こうしじま》となる。格子縞はその細長さによってしばしば碁盤縞よりも「いき」である。

縞の或る部分をかすり取る場合に、かすり取られた部分が縞に対して比較的微小なるときは、縞筋にかすりを交えた形となり、比較的強大なるときは、いわゆる絣《かすり》を生ずる。この種の模様が「いき」に対する関係は、抹殺を免れた縞の部分的存在がいかなる程度で平行線の無限的二元性を暗示し得るかに帰する。

縞模様のうちでも放射状に一点に集中した縞は「いき」ではない。例えば轆轤《ろくろ》に集中する傘の骨、要《かなめ》に向って走る扇《おうぎ》の骨、中心を有する蜘蛛《くも》の巣、光を四方へ射出する旭日《きょくじつ》などから暗示を得た縞模様は「いき」の表現とはならない。「いき」を現わすには無関心性、無目的性が視覚上にあらわれていなければならぬ。放射状の縞は中心点に集まって目的を達してしまっている。それ故に「いき」とは感ぜられない。もしこの種の縞が「いき」と感ぜられるときがあるとすれば、放射性が覆われて平行線であるかのごとき錯覚を伴う場合である。

　模様が平行線としての縞から遠ざかるに従って、次第に「いき」からも遠ざかる。枡《ます》、目《め》結《ゆい》、雷《らい》、源氏《げんじ》香図《こうず》などの模様は、平行線として知覚されることが必ずしも不可能でない。殊《こと》に縦に連繋《れんけい》した場合がそうである。したがってまた「いき」である可能性をもっている。しかるに、籠目《かごめ》、麻葉《あさのは》、鱗《うろこ》などの模様は、三角形によって成立するために「いき」からは遠ざかって行く。なお一般に複雑な模様は「いき」でない。亀甲《きっこう》模様は三対の平行線の組合せとして六角形を示しているが、「いき」であるには煩雑《はんざつ》に過ぎる。万字《まんじ》は垂直線と水平線との結合した十字形の先端が直角状に屈折しているので複雑な感を与える。したがって模様としては万字繋《まんじつなぎ》は「いき」ではない。亜字《あじ》模様に至ってはますます複雑である。亜字は支那《シナ》太古の官服の模様として「取臣民背悪向善、亦取合離之義去就之義」といわれているが、勧善懲悪《かんぜんちょうあく》や合離去就《ごうりきょしゅう》があまり執拗《しつよう》に象徴化され過ぎている。直角的屈折を六回までもして「両已相背《りょうこあいそむ》」いている亜字は、瀟洒《しょうしゃ》なところは微塵《みじん》もない。亜字模様は支那趣味の悪い方面を代表して、「いき」とは正反対のものである。

次に一般に曲線を有する模様は、すっきりした「いき」の表現とはならないのが普通である。格子縞に曲線が螺旋状《らせんじょう》に絡《から》み付けられた場合、格子縞は「いき」の多くを失ってしまう。縦縞が全体に波状曲線になっている場合も「いき」を見出《みいだ》すことは稀《まれ》である。直線から成る割菱《わりびし》模様が曲線化して花菱模様に変ずるとき、模様は「派手《はで》」にはなるが「いき」は跡形《あとかた》もなくなる。扇紋《おうぎもん》は畳扇《たたみおうぎ》として直線のみで成立している間は「いき」をもち得ないことはないが、開扇《ひらきおうぎ》として弧《こ》を描くと同時に「いき」は薫《かおり》をさえも留《とど》めない。また、奈良朝以前から見られる唐草《からくさ》模様は蕨手《わらびで》に巻曲した線を有するため、天平《てんぴょう》時代の唐花《からはな》模様も大体曲線から成立しているため、「いき」とは甚だ縁遠いものである。藤原時代の輪違《わちがい》模様、桃山《ももやま》から元禄《げんろく》へかけて流行した丸尽《まるづく》し模様なども同様に曲線であるために「いき」の条件に適合しない。

元来、曲線は視線の運動に合致しているため、把握が軽易で、眼に快感を与えるものとされている。またこの理由に基づいて、波状線の絶対美を説く者もある。しかし、曲線は、すっきりした、意気地ある「いき」の表現には適しない。「すべての温かいもの、すべての愛は円か楕円《だえん》かの形をもち、螺旋状その他の曲線を描いてゆく。冷たいもの、無関心なもののみが直線で稜《りょう》をもつ。兵隊を縦列に配置しないで環状に組立てたならば、闘争をしないで舞踏《ぶとう》をするであろう(1)」といった者がある。しかし、「いき」のうちには「慮外《りょがい》ながら揚巻《あげまき》で御座《ござ》んす」という、曲線では表わせない峻厳《しゅんげん》なところがある。冷たい無関心がある。「いき」の芸術形式がいわゆる「美的小(2)」と異なった方向に赴《おもむ》くものであることは、これによってもおのずから明白である。

なお幾何学的模様に対して絵画的模様なるものは決して「いき」ではない。「金銀にて蝶々《ちょうちょう》を縫《ぬ》ひし野暮なる半襟《はんえり》をかけ」と『春告鳥』にもある。三筋の糸を垂直に場面の上から下まで描き、その側に三筋の柳の枝を垂らし、糸の下部に三味線《しゃみせん》の撥《ばち》を添え、柳の枝には桜の花を三つばかり交えた模様を見たことがある。描かれた内容自身から、また平行線の応用から推《お》して「いき」な模様でありそうであるが、実際の印象は何ら「いき」なところのない極めて上品なものであった。絵画的模様はその性質上、二元性をすっきりと言表《いいあら》わすという可能性を、幾何学的模様ほどにはもっていない。絵画的模様が模様として「いき」であり得ない理由はその点に存している。光琳《こうりん》模様、光悦《こうえつ》模様などが「いき」でないわけも主としてこの点によっている。「いき」が模様として客観化されるのは幾何学的模様のうちにおいてである。また幾何学的模様が真の意味の模様である。すなわち、現実界の具体的表象に規定されないで、自由に形式を創造する自由芸術の意味は、模様としては、幾何学的模様にのみ存している。

模様の形式は形状のほかになお色彩の方面をもっている。碁盤縞が市松《いちまつ》模様となるのは碁盤の目が二種の異なった色彩によって交互に充塡《じゅうてん》されるからである。しからば模様のもつ色彩はいかなる場合に「いき」であるか。まず、西鶴《さいかく》のいわゆる「十二色のたたみ帯」、だんだら染、友禅染《ゆうぜんぞめ》など元禄時代に起ったものに見られるようなあまり雑多な色取《いろどり》をもつことは「いき」ではない。形状と色彩との関係は、色調を異にした二色または三色の対比作用によって形状上の二元性を色彩上にも言表わすか、または一色の濃淡の差あるいは一定の飽和度における一色が形状上の二元的対立に特殊な情調を与える役を演ずるかである。しからばその際用いられる色はいかなる色であるかというに、「いき」を表わすのは決して派手な色ではあり得ない。[3]「いき」の表現として色彩は二元性を低声に主張するものでなければならぬ。『春色恋白浪《しゅんしょくこいのしらなみ》』に「鼠色の御召縮緬《おめしちりめん》に黄柄茶の糸を以《もっ》て細く小さく碁盤格子を織《おり》出《いだ》したる上着、……帯は古風な本国織《ほんごくおり》に紺博多《はかた》の独鈷《とっこ》なし媚茶の二本筋を織たるとを腹合せに縫ひたるを結び、……衣裳《いしょう》の袖口《そでぐち》は上着下着ともに松葉色の様なる御納戸の繻子《しゅす》を付け仕立も念を入《いれ》て申分なく」という描写がある。このうちに出てくる色彩は三つの系統に属している。すなわち、第一に鼠色、第二に褐色系統の黄柄茶《きがらちゃ》と媚茶《こびちゃ》、第三に青系統の紺《こん》と御納戸《おなんど》とである。また『春告鳥』に「御納戸と媚茶と鼠色の染分けにせし、五分ほどの手綱染《たづなぞめ》の前垂《まえだれ》」その他のことを叙した後に「意気なこしらへで御座いませう」といってある。「いき」な色彩とは、まず灰色、褐色、青色の三系統のいずれにか属するものと考えて差支ないであろう。

第一に、鼠色は「深川《ふかがわ》ねずみ辰巳《たつみ》ふう」といわれるように「いき」なものである。鼠色、すなわち灰色は白から黒に推移する無色感覚の段階である。そうして、色彩感覚のすべての色調が飽和の度を減じた究極は灰色になってしまう。灰色は飽和度の減少、すなわち色の淡さそのものを表わしている光覚である。「いき」のうちの「諦《あきら》め」を色彩として表わせば灰色ほど適切なものはほかにない。それ故に灰色は江戸時代から深川鼠、銀鼠《ぎんねず》、藍鼠《あいねず》、漆鼠《うるしねず》、紅掛鼠《べにかけねず》など種々のニュアンスにおいて「いき」な色として貴ばれた。もとより色彩だけを抽象して考える場合には、灰色はあまりに「色気」がなくて「いき」の媚態《びたい》を表わし得ないであろう。メフィストの言うように「生」に背《そむ》いた「理論」の色に過ぎないかもしれぬ。しかし具体的な模様においては、灰色は必ず二元性を主張する形状に伴っている。そうしてその場合、多くは形状が「いき」の質料因たる二元的媚態を表わし、灰色が形相因たる理想主義的非現実性を表わしているのである。

第二に、褐色すなわち茶色ほど「いき」として好まれる色はほかにないであろう。「思ひそめ茶の江戸褄《えどづま》に」という言葉にも表われている。また茶色は種々の色調に応じて実に無数の名で呼ばれている。江戸時代に用いられた名称を挙げても、まず色そのものの抽象的性質によって名附けたものには、白茶《しらちゃ》、御納戸茶《おなんどちゃ》、黄柄茶《きがらちゃ》、燻茶《ふすべちゃ》、焦茶《こげちゃ》、媚茶《こびちゃ》、千歳茶《ちとせちゃ》などがあり、色をもつ対象の側《がわ》から名附《なづ》けたものには、鶯茶《うぐいすちゃ》、鶸茶《ひわちゃ》、鳶色《とびいろ》、煤竹色《すすだけいろ》、銀煤竹、栗色、栗梅、栗皮茶、丁子茶《ちょうじちゃ》、素海松茶《すみるちゃ》、藍海松茶《あいみるちゃ》、かわらけ茶などがあり、また一定の色合を嗜好《しこう》する俳優の名から来たものには、芝翫茶《しかんちゃ》、璃寛茶《りかんちゃ》、市紅茶《しこうちゃ》、路考茶《ろこうちゃ》、梅幸茶《ばいこうちゃ》などがあった。しからば茶色とはいかなる色であるかというに、赤から橙《だいだい》を経て黄に至る派手《はで》やかな色調が、黒味を帯びて飽和の度の減じたものである。すなわち光度の減少の結果生じた色である。茶色が「いき」であるのは、一方に色調の華《はな》やかな性質と、他方に飽和度の減少とが、諦めを知る媚態、垢抜《あかぬけ》した色気を表現しているからである。

第三に、青系統の色は何故《なにゆえ》「いき」であるか。まず一般に飽和の減少していない鮮やかな色調としていかなる色が「いき」であるかということを考えてみるに、何らかの意味で黒味に適するような色調でなければならぬ。黒味に適する色とはいかなる色かというに、プールキンエの現象によって夕暮に適合する色よりほかには考えられない。赤、橙、黄は網膜の暗順応《あんじゅんのう》に添おうとしない色である。黒味を帯びてゆく心には失われ行く色である。それに反して、緑、青、菫《すみれ》は魂の薄明視《はくめいし》に未だ残っている色である。それ故に、色調のみについていえば、赤、黄などいわゆる異化作用の色よりも、緑、青など同化作用の色の方が「いき」であるといい得る。また、赤系統の温色よりも、青中心の冷色の方が「いき」であるといっても差支ない。したがって紺や藍は「いき」であることができる。紫のうちでは赤勝《あかがち》の京紫よりも、青勝の江戸紫の方が「いき」と看做《みな》される。青より緑の方へ接近した色は「いき」であるためには普通は飽和の度と関係してくる。「松葉色の様なる御納戸」とか、木賊《とくさ》色とか、鶯色とかは、みな飽和度の減少によって特に「いき」の性質を備えているのである。

要するに、「いき」な色とはいわば華やかな体験に伴う消極的残像である。「いき」は過去を擁して未来に生きている。個人的または社会的体験に基づいた冷やかな知見が可能性としての「いき」を支配している。温色の興奮を味わい尽した魂が補色残像として冷色のうちに沈静を汲《く》むのである。また、「いき」は色気のうちに色盲《しきもう》の灰色を蔵している。色に染《そ》みつつ色に泥《なず》まないのが「いき」である。「いき」は色っぽい肯定のうちに黒ずんだ否定を匿《かく》している。

以上を概括すれば、「いき」が模様に客観化されるに当って形状と色彩との二契機を具備する場合には、形状としては、「いき」の質料因たる二元性を表現するために平行線が使用され、色彩としては、「いき」の形相因たる非現実的理想性を表現するために一般に黒味を帯びて飽和弱いものまたは冷たい色調が択《えら》ばれる。

次に、模様と同じく自由芸術たる建築において、「いき」はいかなる芸術形式を取っているか。建築上の「いき」は茶屋建築に求めてゆかなければならぬが、まず茶屋建築の内部空間および外形の合目的的形成について考えてみる。およそ異性的特殊性の基礎は原本的意味においては多元を排除する二元である。そうして、二元のために、特に二元の隔在的《かくざいてき》沈潜のために形成さるる内部空間は、排他的完結性と求心的緊密性とを具現していなければならぬ。「四畳半《よじょうはん》の小座しきの、縁《えん》の障子《しょうじ》は他の一切との縁を断って二元の超越的存在に「意気なしんねこ四畳半」を場所として提供する。すなわち茶屋の座敷としては「四畳半」が典型的と考えられ、この典型からあまり遠ざからないことが要求される。また、外形が内部空間の形成原理に間接に規定さるる限り、茶屋の外形全体は一定度の大きさを越えてはならない。このことを基礎的予件として、茶屋建築は「いき」の客観化をいかなる形式において示しているであろうか。

「いき」な建築にあっては、内部外部の別なく、材料の選択と区劃の仕方によって、媚態の二元性が表現されている。材料上の二元性は木材と竹材との対照によって表わされる場合が最も多い。永井荷風は『江戸芸術論』のうちで次のような観察をしている。「家は腰高《こしだか》の塗骨障子《ぬりぼねしょうじ》を境にして居間と台所との二間のみなれど竹の濡縁《ぬれえん》の外《そと》には聊《ささや》かなる小庭ありと覚《おぼ》しく、手水鉢《ちょうずばち》のほとりより竹の板目《はめ》には蔦《つた》をからませ、高く釣りたる棚の上には植木鉢を置きたるに、猶《なお》表側の見付《みつき》を見れば入口の庇《ひさし》、戸袋、板目なぞも狭き処《ところ》を皆それぞれに意匠《いしょう》して網代《あじろ》、船板、洒竹などを用ゐる云々《うんぬん》」。かつまた、「竹材を用ゆる事の範囲並《ならび》に其《そ》の美術的価値を論ずるは最も興味ある事」であると注意している。およそ竹材には「竹の色許由《きょゆう》がひさごまだ青し」とか「埋《うめ》られたおのが涙やまだら竹」というように、それ自身に情趣の深い色っぽさがある。しかし「いき」の表現としての竹材の使用は、主として木材との二元的対立に意味をもっている。なお竹のほかには杉皮も二元的対立の一方の項を成すものとして「いき」な建築が好んで用いる。「直《すぐ》な柱も杉皮附《すぎかわつき》、つくろはねどもおのづから、土地に合ひたる洒落造《しゃれづく》り」とは『春色辰巳園』巻頭の叙述である。

室内の区劃の上に現わるる二元性としては、まず天井《てんじょう》と牀《ゆか》との対立が両者の材料上の相違によって強調される。天井に丸竹を並べたり、ひしぎ竹を列《つら》ねたりするいわゆる竹天井の主要なる任務は、この種の材料によって天井と牀との二元性を判明させることにある。天井を黒褐色の杉皮で張るのも、青畳との対比関係に関心を置いている。また、天井そのものも二元性を表わそうとすることが多い。例えば不均等に二分して、大なる部分を棹縁《さおぶち》天井となし、小なる部分を網代《あじろ》天井とする。或いは更に二元性を強調して、一部分には平《ひら》天井を用い、他の部分には懸込《かけこみ》天井を用いる。次に牀自身も二元性を表わそうとする。床《とこ》の間《ま》と畳とは二元的対立を明示していなければならない。それ故に、床框《とこがまち》の内部に畳または薄縁《うすべり》を敷くことは「いき」ではない。室全体の畳敷に対して床の間の二元性が対立の力を減ずるからである。

床の間は床板を張って室内の他部と判明に対立することを要する、すなわち床の間が「いき」の条件を充《みた》すためには本床であってはならない。蹴込床《けこみどこ》または敷込床を択ぶべきである。また、「いき」な部屋では、床の間と床脇の違棚《ちがいだな》とにも二元的対立を見せる必要がある。例えば床板には黒褐色のものを用い、違棚の下前《したまえ》にはひしぎ竹の白黄色のものを敷く。それと同時に、床天井と棚天井とに竹籠編《たけかごあみ》と鏡天井とのごとき対立を見せる。そうして、この床脇の有無がしばしば、茶屋建築の「いき」と茶室建築の「渋味」との相違を表わしている。また床柱《とこばしら》と落掛《おとしがけ》との二元的対立の程度の相違にも、茶屋と茶室の構造上の差別が表われているのが普通である。しかしながら、「いき」な建築にあってはこれら二元性の主張はもとより煩雑《はんざつ》に陥ってはならない。なお一般に瀟洒《しょうしゃ》を要求する点において、しばしば「いき」な模様と同様の性質を示している。例えばなるべく曲線を避けようとする傾向がある。「いき」な建築として円形の室または円天井《まるてんじょう》を想像することはできない。「いき」な建築は火灯窓《かとうまど》や木瓜窓《もっこうまど》の曲線を好まない。欄間《らんま》としても櫛形《くしがた》よりも角切《かくぎり》を択ぶ。しかしこの点において建築は独立な抽象的な模様よりはやや寛大である。「いき」な建築は円窓《まるまど》と半月窓《はんげつまど》とを許し、また床柱の曲線と下地窓《したじまど》の竹に纏《まと》う藤蔓《ふじづる》の彎曲《わんきょく》とを咎《とが》めない。これはいずれの建築にも自然に伴う直線の強度の剛直に対して緩和を示そうとする理由からであろう。すなわち、抽象的な模様と違って全体のうちに具体的意味をもつからである。

なお、建築の様式上に表わるる媚態の二元性を理想主義的非現実性の意味に様態化するものには、材料の色彩と採光照明の方法とがある。建築材料の色彩の「いき」は畢竟《ひっきょう》、模様における色彩の「いき」と同じである。すなわち、灰色と茶色と青色の一切のニュアンスが「いき」な建築を支配している。そうして、一方に色彩の上のこの「さび」が存すればこそ、他方に形状として建築が二元性を強く主張することができたのである。もし建築が形状上に二元的対立を強烈に主張し、しかも派手な色彩を愛用するならば、ロシアの室内装飾に見るごとき一種の野暮に陥ってしまうほかはない。採光法、照明法も材料の色彩と同じ精神で働かなければならぬ。四畳半の採光は光線の強烈を求むべきではない。外界よりの光を庇《ひさし》、袖垣《そでがき》、または庭の木立《こだち》で適宜に遮断《しゃだん》することを要する。夜間の照明も強い灯光を用いてはならぬ。

この条件に最も適合したものは行灯《あんどん》であった。機械文明は電灯に半透明の硝子《ガラス》を用いるか、或いは間接照明法として反射光線を利用するかによってこの目的を達しようとする。いわゆる「青い灯《ひ》、赤い灯」は必ずしも「いき」の条件には適しない。「いき」な空間に漂う光は「たそや行灯」の淡い色たるを要する。そうして魂の底に沈んで、ほのかに「たが袖」の薫《かおり》を嗅《か》がせなければならぬ。

要するに、建築上の「いき」は、一方に「いき」の質料因たる二元性を材料の相違と区劃の仕方に示し、他方にその形相因たる非現実的理想性を主として材料の色彩と採光照明の方法とに表わしている。

建築は凝結した音楽といわれているが、音楽を流動する建築と呼ぶこともできる。しからば自由芸術たる音楽の「いき」はいかなる形において表われているか。まず田辺尚雄《たなべひさお》氏の論文「日本音楽の理論附粋の研究」(4)によれば、音楽上の「いき」は旋律とリズムの二方面に表われている。旋律の規範としての音階は、わが国には都節《みやこぶし》音階と田舎節《いなかぶし》音階との二種あるが、前者は技巧的音楽のほとんど全部を支配する律旋法として主要のものである。そうして、仮りに平調《ひょうじょう》を以て宮音《きゅうおん》とすれば、都節音階は次のような構造をもっている。

平調—壱越《いちこつ》(または神仙)—盤渉《ばんしき》—黄鐘《おうしき》—双調《そうじょう》(または勝絶《しょうせつ》)—平調

この音階にあって宮音たる平調と、徴音《ちおん》たる盤渉とは、主要なる契機として常に整然たる関係を保持している。それに反して、他の各音は実際にあっては理論と必ずしも一致しない。理論的関係に対して多少の差異を示している。すなわち理想体に対して一定の変位を来たしている。そうして「いき」は正《まさ》にこの変位の或る度合に依存するものであって、変位が小に過ぐれば「上品」の感を生じ、大に過ぐれば「下品」の感を生ずる。たとえば、上行して盤渉より壱越を経て平調に至る旋律にあって、実際上の壱越は理論上の高さよりもやや低いのである。かつその変位の程度は長唄《ながうた》においてはさほど大でないが、清元《きよもと》および歌沢《うたざわ》においては四分の三全音にも及ぶことがあり、野卑な端唄《はうた》などにては一全音を越えることがある。また同じ長唄だけについていえば、物語体のところにはこの変位少なく、「いき」な箇所には変位が大である。そうして変位があまり大に過ぐるときは下品の感を起させる。なおこの関係は、勝絶より黄鐘を経て盤渉に至るときの黄鐘にも、平調より双調を経て黄鐘に至るときの双調にも現われる。また平調より神仙を経て盤渉に至る旋律の下行運動にあっても、神仙の位置に同様の関係が見られる。

リズムについていえば、伴奏器楽がリズムを明示し、唄はそれによってリズム性を保有するのであるが、わが国の音楽では多くの場合において唄のリズムと伴奏器楽のリズムとが一致せず、両者間に多少の変位が存在するのである。長唄において「せりふ」に三絃《さんげん》を附したところでは両者のリズムが一致している。その他でも両者のリズムの一致している場合には、多くは単調を感ぜしめる。「いき」な音曲においては変位は多く一リズムの四分の一に近い。

以上は田辺氏の説であるが、要するに旋律上の「いき」は、音階の理想体の一元的平衡《へいこう》を打破して、変位の形で二元性を措定《そてい》することに存する。二元性の措定によって緊張が生じ、そうしてその緊張が「いき」の質料因たる「色っぽさ」の表現となるのである。また、変位の程度が大に過ぎず四分の三全音くらいで自己に拘束を与えるところに「いき」の形相因が客観化されているのである。リズム上の「いき」も同様で、一方に唄と三絃との一元的平衡を破って二元性が措定され、他方にその変位が一定の度を越えないところに、「いき」の質料因と形相因とが客観的表現を取っているのである。

なお楽曲の形にも「いき」が一定の条件を備えて現われているように思う。顕著に高い音をもって突如として始まって、下向的進行によって次第に低い音に推移するような楽節が、幾つか繰返された場合は多く「いき」である。例えば歌沢の「新《しん》紫《むら》」のうちの「紫のゆかりに」のところはそういう形をもっている。すなわち、「ムラサキ。ノ。ユカリ。ニ」と四節に分かれて、各節は急突に高い音から始まり、下向的進行をしている。また「音にほだされし縁の糸」のところも同様に「ネニホ。ダ。サレ。シ。エンノ。イト」と六節に分けて見られる。また例えば、清元の「十六夜《いざよい》清心《せいしん》」のうちの「梅見帰りの船の唄、忍ぶなら忍ぶなら、闇の夜は置かしやんせ」のところも同様の形をもっている。すなわち、「ウメミ。ガヘリノ。フネノウタ。シノブナラ。シノブナラ。ヤミノ。ヨハオカシヤンセ」と七節に分けて考えることができる。そうしてこの場合に、かような楽曲が「いき」の表現であり得る可能性は、一方に各節の起首の高音が先行の低音に対して顕著な色っぽい二元性を示していることと、他方に各節とも下向的進行によって漸消状態のさびしさをもっていることとに懸《かか》っている。また起首の示す二元性と、全節の下向的進行との関係は、あたかも「いき」な模様における、縞柄《しまがら》と、くすんだ色彩との関係のごときものである。

かくのごとくして、意識現象としての「いき」の客観的表現の芸術形式は、平面的な模様および立体的な建築において空間的発表をなし、無形的な音楽において時間的発表をなしているが、その発表はいずれの場合においても、一方に二元性の措定と、他方にその措定の仕方に伴う一定の性格とを示している。更にまたこの芸術形式と自然形式とを比較するに、両者間にも否《いな》むべからざる一致が存している。そうして、この芸術形式および自然形式は、常に意識現象としての「いき」の客観的表現として理解することができる。すなわち、客観的に見られる二元性措定は意識現象としての「いき」の質料因たる「媚態」に基礎を有し、措定の仕方に伴う一定の性格はその形相因たる「意気地《いきじ》」と「諦め」とに基礎をもっている。かくして我々は「いき」の客観的表現を、意識現象としての「いき」に還元し、両存在様態の相互関係を明瞭にするとともに、意味としての「いき」の構造を闡明《せんめい》したと信ずるのである。

（1）Dessoir, Aesthetik und allgemeine Kunstwissenschaft, 1923, S. 361 参照。
（2）「美的小」の概念に関してはLipps, Aesthetik, 1914, I, S. 574 参照。
（3）米国国旗や理髪店の看板が縞模様でありながら何らの「いき」をももっていないのは、他にも理由があろうが、主として色彩が派手であることに起因している。婦人用の烟管《きせる》の吸口と雁首《がんくび》に附けた金具に、銀と赤銅《しゃくどう》とを用いて、銀白色の帯青灰色との横縞を見せているのがある。形状上では理髪店の看板とほとんど違わないが、色彩の効果によって「いき」な印象を与える。
（4）『哲学雑誌』、第二十四巻、第二百六十四号所載。

六　結論

「いき」の存在を理解しその構造を闡明《せんめい》するに当って、方法論的考察として予《あらかじ》め意味体験の具体的把握を期した。しかし、すべての思索の必然的制約として、概念的分析によるのほかはなかった。しかるに他方において、個人の特殊の体験と同様に民族の特殊の体験は、たとえ一定の意味として成立している場合にも、概念的分析によっては残余なきまで完全に言表されるものではない。具体性に富んだ意味は厳密には悟得の形で味会されるのである。メーヌ・ドゥ・ビランは、生来の盲人に色彩の何たるかを説明すべき方法がないと同様に、生来の不随者として自発的動作をしたことのない者に努力の何たるかを言語をもって悟らしむる方法はないといっている(1)。我々は趣味としての意味体験についてもおそらく一層述語的に同様のことをいい得る。「趣味」はまず体験として「味わう」ことに始まる。我々は文字通りに「味を覚える」。更に、覚えた味を基礎として価値判断を下す。しかし味覚が純粋の味覚である場合はむしろ少ない。「味なもの」とは味覚自身のほかに嗅覚《きゅうかく》によって嗅《か》ぎ分けるところの一種の匂《におい》を暗示する。捉《とら》えがたいほのかなかおりを予想する。のみならず、しばしば触覚も加わっている。味のうちには舌ざわりが含まれている。そうして「さわり」とは心の糸に触れる、言うに言えない動きである。この味覚と嗅覚と触覚とが原本的意味における「体験」を形成する。いわゆる高等感覚は遠官として発達し、物と自己とを分離して、物を客観的に自己に対立させる。かくして聴覚は音の高低を判然と聴き分ける。しかし部音は音色の形を取って簡明な把握に背《そむ》こうとする。視覚にあっても色彩の系統を立てて色調の上から色を分けてゆく。しかし、いかに色と色とを分割してもなお色と色との間には把握しがたい色《いろ》合《あい》が残る。そうして聴覚や視覚にあって、明瞭な把握に漏《も》れる音色や色合を体験として拾得するのが、感覚上の趣味である。一般にいう趣味も感覚上の趣味と同様に、ものの「色合」に関している。すなわち、道徳的および美的評価に際して見られる人格的および民族的色合を趣味というのである。ニイチェは「愛しないものを直ちに呪うべきであろうか」と問うて、「それは悪い趣味と思う」と答えている。またそれを「下品」(Pöbel-Art)だといっている。(2) 我々は趣味が道徳の領域において意義をもつことを疑おうとしない。また芸術の領域にあっても、「色を求むるにはあらず、ただ色合のみ」(3)といったヴェルレエヌとともに我々は趣味としての色合の価値を信ずる。「いき」も畢竟《ひっきょう》、民族的に規定された趣味であった。したがって、「いき」は勝義における sens intime によって味会されなければならない。「いき」を分析して得られた抽象的概念契機は、具体的な「いき」の或る幾つかの方面を指示するに過ぎない。「いき」は個々の概念契機に分析することはできるが、逆に、分析された個々の概念契機をもって「いき」の存在を構成することはできない。「媚《び》態《たい》」といい、「意気地《いきじ》」といい、「諦《あきら》め」といい、これらの概念は「いき」の部分ではなくて契機に過ぎない。それ故に概念的契機の集合としての「いき」と、意味体験としての「いき」との間には、越えることのできない間隙《かんげき》がある。換言すれば、「いき」の論理的言表の潜勢性と現勢性との間には截然《せつぜん》たる区別がある。我々が分析によって得た幾つかの抽象的概念契機を結合して「いき」の存在を構成し得るように考えるのは、既に意味体験としての「いき」をもっているからである。

意味体験としての「いき」と、その概念的分析との間にかような乖離的《かいりてき》関係が存するとすれば、「いき」の概念的分析は、意味体験としての「いき」の構造を外部より了得《りょうとく》せしむる場合に、「いき」の存在の把握に適切なる位地と機会とを提供する以外の実際的価値をもち得ないであろう。例えば、日本の文化に対して無知な或る外国人に我々が「いき」の存在の何たるかを説明する場合に、我々は「いき」の概念的分析によって、彼を一定の位置に置く。それを機会として彼は彼自身の「内官」によって「いき」の存在を味得しなければならない。「いき」の存在会得に対して概念的分析は、この意味においては、単に「機会原因」よりほかのものではあり得ない。しかしながら概念的分析の価値は実際的価値に尽きるであろうか。体験さるる意味の論理的言表の潜勢性を現勢性に化せんとする概念的努力は、実際的価値の有無または多少を規矩《きく》とする功利的立場によって評価さるべきはずのものであろうか。否《いな》。意味体験を概念的自覚に導くところに知的存在者の全意義が懸《かか》っている。実際的価値の有無多少は何らの問題でもない。そうして、意味体験と概念的認識との間に不可通約的な不尽性の存することを明らかに意識しつつ、しかもなお論理的言表の現勢化を「課題」として「無窮」に追跡するところに、まさに学の意義は存するのである。「いき」の構造の理解もこの意味において意義をもつことを信ずる。

しかし、さきにもいったように、「いき」の構造の理解をその客観的表現に基礎附けようとすることは大なる誤謬《ごびゅう》である。「いき」はその客観的表現にあっては必ずしも常に自己の有する一切のニュアンスを表わしているとは限らない。客観化は種々の制約の拘束の下《もと》に成立する。したがって、客観化された「いき」は意識現象としての「いき」の全体をその広さと深さにおいて具現していることは稀《まれ》である。客観的表現は「いき」の象徴に過ぎない。それ故に「いき」の構造は、自然形式または芸術形式のみからは理解できるものではない。その反対に、これらの客観的形式は、個人的もしくは社会的意味体験としての「いき」の意味移入によって初めて生かされ、会得《えとく》されるものである。「いき」の構造を理解する可能性は、客観的表現に接触して quid を問う前に、意識現象のうちに没入して quis を問うことに存している。およそ芸術形式は人性的一般または異性的特殊の存在様態に基づいて理解されなければ真の会得ではない(4)。体験としての存在様態が模様に客観化される例としては、ドイツ民族の有する一種の内的不安が不規則的な模様の形を取って、既に民族移住時代から見られ、更にゴシックおよびバロックの装飾にも顕著な形で現われている事実がある。建築においても体験と芸術形式との関係を否《いな》み得ない。ポール・ヴァレリーの『ユーパリノスあるいは建築家』のうちで、メガラ生れの建築家ユーパリノスは次のようにいっている。「ヘルメスのために私が建てた小さい神殿、直ぐそこの、あの神殿が私にとって何であるかを知ってはいまい。路《みち》ゆく者は優美な御堂を見るだけだ――わずかのものだ、四つの柱、きわめて単純な様式――だが私は私の一生のうちの明るい一日の思出をそこに込めた。おお、甘い変身《メタモルフォーズ》よ。誰も知る人はないが、このきゃしゃな神殿は、私が嬉しくも愛した一人のコリントの乙女《おとめ》の数学的形像だ。この神殿は彼女独自の釣合を忠実に現わしているのだ(5)」。音楽においても浪漫《ロマン》派または表現派の名称をもって総括し得る傾向はすべて体験の形式的客観化を目標としている。既にマショオは恋人ペロンヌに向って「私のものはすべて貴女《あなた》の感情でできた」と告げている。(6) またショパンは「へ」短調司伴楽の第二楽章の美しいラルジェットがコンスタンチア・グラコウスカに対する自分の感情を旋律化したのであることを自ら語っている。(7) 体験の芸術的客観化は必ずしも意識的になされることを必要としない。芸術的衝動は無意識的に働く場合も多い。しかしかかる無意識的創造も体験の客観化にほかならない。すなわち個人的または社会的体験が、無意識的に、しかし自由に形成原理を選択して、自己表現を芸術として完了したのである。自然形式においても同様である。身振《みぶり》その他の自然形式はしばしば無意識のうちに創造される。いずれにしても、「いき」の客観的表現は意識現象としての「いき」に基礎附けて初めて真に理解されるものである。

なお、客観的表現を出発点として「いき」の構造を闡明しようとする者のほとんど常に陥る欠点がある。すなわち、「いき」の抽象的、形相的理解に止《とどま》って、具体的、解釈的に「いき」の特異なる存在規定を把握するに至らないことである。例えば、「美感を与える対象」としての芸術品の考察に基づいて「粋の感」の説明が試みられる。(8) その結果として、「不快の混入」というごとき極《きわ》めて一般的、抽象的な性質より捉《とら》えられない。したがって「いき」は漠然たる raffiné のごとき意味となり、一方に「いき」と渋味との区別を立て得ないのみならず、他方に「いき」のうちの民族的色彩が全然把握されない。そうして仮りにもし「いき」がかくのごとき漠然たる意味よりもっていないものとすれば、西洋の芸術のうちにも多くの「いき」を見出すことができるはずである。すなわち「いき」とは「西洋においても日本においても」「現代人の好む」何ものかに過ぎないことになる。しかしながら、例えばコンスタンタン・ギイやドガアやファン・ドンゲンの絵が果して「いき」の有するニュアンスを具有しているであろうか。また、サンサンス、マスネエ、ドゥビュッシイ、リヒアルド・スュトラウスなどの作品中の或る旋律を捉えて厳密なる意味において「いき」と名附《なづ》け得るであろうか。これらはおそらく肯定的に答えることはできないであろう。既にいったように、この種の現象と「いき」との共通点を形式化的抽象によって見出すことは必ずしも困難ではない。しかしながら、形相的方法を採ることはこの種の文化存在の把握に適した方法論的態度ではない。しかるに客観的表現を出発点として「いき」の闡明を計る者は多くみなかような形相的方法に陥るのである。要するに、「いき」の研究をその客観的表現としての自然形式または芸術形式の理解から始めることは徒労に近い。まず意識現象としての「いき」の意味を民族的具体において解釈的に把握し、しかる後その会得に基づいて自然形式および芸術形式に現われたる客観的表現を妥当に理解することができるのである。一言にしていえば、「いき」の研究は民族的存在の解釈学としてのみ成立し得るのである。

民族的存在の解釈としての「いき」の研究は、「いき」の民族的特殊性を明らかにするに当って、たまたま西洋芸術の形式のうちにも「いき」が存在するというような発見によって惑わされてはならぬ。客観的表現が「いき」そのものの複雑なる色彩を必ずしも完全に表わし得ないとすれば、「いき」の芸術形式と同一のものをたとえ西洋の芸術中に見出す場合があったとしても、それを直ちに体験としての「いき」の客観的表現と看做《みな》し、西洋文化のうちに「いき」の存在を推定することはできない。またその芸術形式によって我々が事実上「いき」を感じ得る場合が仮りにあったとしても、それは既に民族的色彩を帯びた我々の民族的主観が予想されている。その形式そのものが果して「いき」の客観化であるか否《いな》かは全くの別問題である。問題は畢竟《ひっきょう》、意識現象としての「いき」が西洋文化のうちに存在するか否かに帰着する。しからば意識現象としての「いき」を西洋文化のうちに見出《みいだ》すことができるであろうか。西洋文化の構成契機を商量するときに、この問は否定的の答を期待するよりほかはない。また事実として、たとえばダンディズムと呼ばるる意味は、その具体的なる意識層の全範囲に亙《わた》って果して「いき」と同様の構造を示し、同様の薫《かおり》と同様の色合《いろあい》とをもっているであろうか。ボオドレエルの『悪の華』一巻はしばしば「いき」に近い感情を言表《いいあら》わしている。「空無の味」のうちに「わが心、諦めよ」とか、「恋ははや味わいをもたず」とか、または「讃《ほ》むべき春は薫を失いぬ」などの句がある。これらは諦めの気分を十分に表わしている。また「秋の歌」のうちで「白く灼《や》くる夏を惜しみつつ、黄に柔《やわら》かき秋の光を味わわしめよ」といって人生の秋の黄色い淡い憂愁《ゆうしゅう》を描いている。「沈潜」のうちにも過去を擁する止揚の感情が表わされている。そうして、ボオドレエル自身の説明(9)によれば、「ダンディズムは頽廃期《たいはいき》における英雄主義の最後の光であって……熱がなく、憂愁にみちて、傾く日のように壮美である」。また「élégance の教説」として「一種の宗教」である。かようにダンディズムは「いき」に類似した構造をもっているには相違ない。しかしながら、「シーザーとカティリナとアルキビアデスとが顕著な典型を提供する」もので、ほとんど男性に限り適用される意味内容である。それに反して、「英雄主義」が、か弱い女性、しかも「苦界《くがい》」に身を沈めている女性によってまでも呼吸されているところに「いき」の特彩がある。またニイチェのいう「高貴」とか「距離の熱情」なども一種の「意気地」にほかならない。これらは騎士気質から出たものとして、武士道から出た「意気地」と差別しがたい類似をもっている(10)。しかしながら、一切の肉を独断的に呪《のろ》った基督《キリスト》教の影響の下《もと》に生立《おいた》った西洋文化にあっては、尋常の交渉以外の性的関係は、早くも唯物主義と手を携《たずさ》えて地獄に落ちたのである。その結果として、理想主義を予想する「意気地」が、媚態をその全延長に亙って霊化して、特殊の存在様態を構成する場合はほとんど見ることができない。「女の許《もと》へ行くか。笞《むち》を忘るるな(11)」とは老婆がツァラトゥストラに与えた勧告であった。なお一歩を譲って、例外的に特殊の個人の体験として西洋の文化にも「いき」が現われている場合があると仮定しても、それは公共圏に民族的意味の形で「いき」が現われていることとは全然意義を異にする。一定の意味として民族的価値をもつ場合には必ず言語の形で通路が開かれていなければならぬ。「いき」に該当する語が西洋にないという事実は、西洋文化にあっては「いき」という意識現象が一定の意味として民族的存在のうちに場所をもっていない証拠である。

かように意味体験としての「いき」がわが国の民族的存在規定の特殊性の下《もと》に成立するにかかわらず、我々は抽象的、形相的の空虚の世界に堕してしまっている「いき」の幻影に出《で》逢《あ》う場合があまりにも多い。そうして、喧《やかま》しい饒舌《じょうぜつ》や空《むな》しい多言は、幻影を実有のごとくに語るのである。しかし、我々はかかる「出来《でき》合《あい》」の類概念によって取交される flatus vocis に迷わされてはならぬ。我々はかかる幻影に出逢った場合、「かつて我々の精神が見たもの[12]」を具体的な如実の姿において想起しなければならぬ。そうして、この想起は、我々をして「いき」が我々のものであることを解釈的に再認識せしめる地平にほかならない。ただし、想起さるべきものはいわゆるプラトン的実在論の主張するがごとき類概念の抽象的一般性ではない。

かえって唯名論の唱道する個別的特殊の一種なる民族的特殊性である。この点において、プラトンの認識論の倒逆的転換が敢えてなされなければならぬ。しからばこの意味の想起《アナムネシス》の可能性を何によって繋《つな》ぐことができるか。我々の精神的文化を忘却のうちに葬り去らないことによるよりほかはない。我々の理想主義的非現実的文化に対して熱烈なるエロスをもち続けるよりほかはない。「いき」は武士道の理想主義と仏教の非現実性とに対して不離の内的関係に立っている。運命によって「諦め」を得た「媚態」が「意気地」の自由に生きる[13]のが「いき」である。人間の運命に対して曇らざる眼をもち、魂の自由に向って悩ましい憧憬《しょうけい》を懐く民族ならずしては媚態をして「いき」の様態を取らしむることはできない。「いき」の核心的意味は、その構造がわが民族存在の自己開示として把握されたときに、十全なる会得と理解とを得たのである。

(1)　Maine de Biran, Essai sur les fondements de la psychologie (Oeuvres inédites, Naville, I, p. 208).

(2)　Nietzsche, Also sprach Zarathustra, Teil IV, Vom höheren Menschen.

(3) Verlaine, Art poétique.

(4) ベッカー曰《いわ》く「美的なものの存在学は、美的(すなわち、芸術的)に創作する、また美的に享楽する現実存在の分析から展開されなければならぬ」(Oskar Becker, Von der Hinfälligkeit des Schönen und der Abenteuerlichkeit des Künstlers; Jahrbuch für Philosophie und phänomenologische Forschung, Ergänzungsband: Husserl-Festschrift, 1929, S. 40)

(5) Paul Valéry, Eupalinos ou l'architecte, 15e éd., p. 104.

(6) Jahrbuch der Musikbibliothek Peters, 1926, S. 67.

(7) Lettre à Titus Woyciechowski, le 3 octobre 1829.

(8) 高橋穣『心理学』改訂版、三二七―三二八頁参照。

(9) Baudelaire, Le peintre de la vie moderne, IX, Le dandy. なおダンディズムに関しては左の諸書参照。

Hazlitt, The dandy school, Examiner, 1828.

Sieveking, Dandysm and Brummell. The Contemporary Review, 1912.

Otto Mann, Der moderne Dandy, 1925.

(10) Nietzsche, Jenseits von Gut und Böse, IX, Was ist vornehm? 参照。

(11) Nietzsche, Also sprach Zarathustra, Teil I, Von alten und jungen Weiblein.

(12) ἀ ποτ' εἶδεν ἡμῶν ἡ ψυχή (Platon, Phaidros 249c).
強調は ἡμῶν の上に置かれなければならない。ただし ἀνάμνησις はこの場合二様の意味で自己認識である。第一には ἡμῶν の尖端的強調による民族的自我の自覚である。第二には ψυχή と「意気」との間に原本的関係が存することに基づいて、自我の理想性が自己認識をすることである。

(13) 「いき」の語源の研究は、生、息、行、意気の関係を存在学的に闡明することと相《あい》俟《ま》ってなされなければならない。「生」が基礎的地平であることはいうまでもない。さて、「生きる」ということには二つの意味がある。第一には生理的に「生きる」ことである。異性的特殊性はそれに基礎附けられている。したがって「いき」の質料因たる「媚態」はこの意味の「生きる」ことから生じている。「息」は「生きる」ための生理的条件である。「春の梅、秋の尾花のもつれ酒、それを小意気に呑《の》みなほす」という場合の「いき」と「息」との関係は単なる音韻上の偶然的関係だけではないであろう。「いきざし」という語形はそのことを証明している。「そのいきざしは、夏の池に、くれなゐのはちす、始めて開けたるにやと見ゆ」という場合の「意気ざし」は、「息ざしもせず窺《うかが》へば」の「息差」から来たものに相違ない。また「行」も「生きる」ことと不離の関係をもっている。ambulo が sum の認識根拠であり得るかをデカルトも論じた。そうして、「意気方」および「心意気」の語形で、

「いき」は明瞭に「行《いき》」と発音される。「意気方よし」とは「行きかた善し」にほかならない。また、「好いた殿御へ心意気」「お七さんへの心意気」のように、心意気は「……への心意気」の構造をもって、相手へ「行く」ことを語っている。さて、「息」は「意気ざし」の形で、「行」は「意気方」と「心意気」の形で、いずれも「生きる」ことの第二の意味を予料している。それは精神的に「生きる」ことである。「いき」の形相因たる「意気地」と「諦め」とは、この意味の「生きる」ことに根ざしている。そうして、「息」および「行」は、「意気」の地平に高められたときに、「生」の原本性に帰ったのである。換言すれば、「意気」が原本的意味において「生きる」ことである。

風流に関する一考察

一

芭蕉《ばしょう》が「わが門の風流を学ぶやから」(遺語集《ゆいごしゅう》)ということをいっているが、風流とはいったいどういうことか。風流とは世俗に対していうことである。社会的日常性における世俗と断つことから出発しなければならぬ。風流は第一に離俗である。孔子が子路《しろ》、曾哲《そうせき》、冉有《ぜんゆう》、公西華《こうせいか》の四人の希望を尋ねたとき、子路は政治家として非常時局を担当することを志望し、冉有は経済界の立役者となって民利を計りたいと答え、公西華は官吏《かんり》を希望する旨《むね》を述べた。ひとり曾哲は答えなかったが孔子の再問に対して「沂《ぎ》に浴し、舞雩《ぶう》に風《ふう》し、詠じて帰らん」といったので、孔子は喟然《きぜん》として歎じて「われ点(曾哲)に与《くみ》せん」といった。風流とは世俗と断つ曾哲の心意気である。

「離俗の法最《もっとも》かたし」(春泥集序《しゅんでいしゅうじょ》)といわれているが、風流人となるには「心を正して俗を離るる外《ほか》はなし」(自讃之論《じさんのろん》)と断定されている。語原からいうと風声品流の能《よ》く一世を擅《ほしいまま》にするのを風流というのだということであるが、そういう来歴は別として、風流の本質構造には「風の流れ」といったところがある。水の流れには流れる床の束縛があるが、風の流れには何らの束縛がない。世俗と断ち因習を脱し名《みょう》利《り》を離れて虚空を吹きまくるという気魄《きはく》が風流の根柢《こんてい》にはなくてはならぬ。社会的日常性の形を取っている世俗的価値の破壊または逆転ということが風流の第一歩である。

「夏炉冬扇《かろとうせん》のごとし、衆にさかひて用《もちう》る所なし」(柴門辞《さいもんのじ》)という高邁不羈《こうまいふき》な性格が風流人には不可欠である。少数者におもねる媚《こ》びも大衆におもねる媚びも斉《ひと》しく撥《はっ》無《む》した自在人が真の風流人である。風流の基体は離俗という道徳性である。

しかし風流はそういう消極的方面だけでは成立しない。積極的方面が直ちにつらなってこなければならぬ。日常性を解消した個性によって直ちに何らか新しい内容の充実が営まれなければならぬ。そうして充実さるべき内容としては主として美的生活が理解されている。それは美の体験には霊感とか冒険とかいった否定的自在性があって、風流の破壊的方面と相通ずるからであろう。のみならず多くの場合に、この積極的芸術面が消極的道徳面を内的に規定しているのである。風流のこの第二の契機を耽美ということができる。

さて、美というような体験価値はその卓越性において絶対的なものと考えて差《さし》支《つかえ》ないものであるが、他面また個人や時代によって相対化が行われることも必然である。その点に「不易《ふえき》」と「流行」の二重性が根ざしている。またしたがって耽美《たんび》性《せい》が社会に現象する場合には「風」とか「流」とかいう相対的形態を取ってくる。たとえば、古風《こふう》、談林風《だんりんふう》、蕉風《しょうふう》というようなものがある。また千家《せんけ》流、藪内《やぶのうち》流、石《せき》州《しゅう》流などが対立する。風流ということは一面では個性の発明と創造の精神力が強く現われていて世俗の中性的束縛から内面的に逸脱する「風の流れ」の構造をもっているが、他面では一旦《いったん》建設され充実された内容が模倣と習慣の法則に従って集団性を獲得してきて「風」や「流」に定型化されるのが普通である。しかしながら「昨日の風は今日宜《よろ》しからず、今日の風は明日に用ゐがたきゆゑ」(去来抄《きょらいしょう》)、古い型は常に革新されてゆかなければならぬ。

また「千変万化するものは自然《じねん》の理《ことわり》なり、変化にうつらざれば風《ふう》あらたまらず。是《これ》に押移《おしうつ》らずと云《い》ふは……その誠をせめざる故《ゆえ》なり」(赤双紙《あかぞうし》)というのも正しい。風流を「生涯のはかりごととなす」(卯辰紀行《うたつきこう》)ものには誠をせめるという真剣さがなくてはならぬ。美的真実を追求する「ほそき一筋」(柴門辞)がなくてはならぬ。定型化し世俗化して日常性に頽落《たいらく》している「風」や「流」の殻《から》を破るという破壊的な「風の流れ」がそこに再び要求されるのである。「みなし栗生《ぐり》じて次韻《じいん》かれ、冬の日いでてみなし栗落《おつ》、冬の日は猿簑《さるみの》におほはれぬ、猿簑は炭俵《すみだわら》に破られたり」(答許子問難弁《きょしのもんなんにこたうるのべん》)というように、いわゆる「底をぬく」(宇陀法師《うだのほうし》)流行の意志は不易《ふえき》の祈念《きねん》の賜物《たまもの》である。風流には道徳的・破壊的離俗性と芸術的・建設的耽美性とが常に円環的に働いていなければならぬ(この両側面の関聯《かんれん》が、語学的にも「ミサヲ」と「ミヤビ」との相関として、遠藤嘉基《えんどうよしもと》氏によって闡明《せんめい》されたことはきわめて興味あることである)。

風流には、なおもう一つ大切なものとして第三の要素がある。それは自然ということである。第一の離俗と第二の耽美とのいわば綜合《そうごう》として、世俗性を清算して自然美へ復帰することが要求されるのである。したがって風流の創造する芸術は自然に対して極めて密接の関係にある。「風流のはじめやおくの田植歌《たうえうた》」とか「風流のまことを啼《な》くや時鳥《ほととぎす》」というように風流にあって自然と芸術とは裏表になっている。自然美と芸術美とを包摂《ほうせつ》する唯美《ゆいび》主義《しゅぎ》的《てき》生活の実存を風流は意図するといってもいいのである。自然美を包蔵しない芸術美だけの生活は風流とは言えない。日本人が特に自然を愛する国民であるところに風流が勝義において特に日本的色彩を濃厚にもっている理由が見出される。ともかくも風流には「造化《ぞうか》にしたがひて四時《しいじ》を友とす。見るところ花にあらずと云《い》ふことなし。おもふところ月にあらずと云ふことなし」（卯辰紀行）という趣《おもむき》がなくてはならぬ。したがってまた庭道《ていどう》と花道《かどう》とは、風流にあって重要な地位を占めてくるのである。なお自然美は決して人生美を排斥《はいせき》するものでないことを見逃してはならぬ。風流は「造化にしたがひ造化にかへれ」（卯辰紀行）と命ずるとともに「高く心を悟りて俗に帰るべし」（赤双紙）と命ずるのである。しかしこの俗とは風流が出発点において離脱した単なる俗と同一ではあり得ない。風流を止揚《しよう》した俗である。または俗の中にある風流である。かくて色道《しきどう》と茶道《さどう》とは人生美を追う風流の前衛の役目をつとめるのである。「色ふかき君がこころの花ちりて身にしむ風の流れとぞみし」とはこの方向の風流にほかならぬ。いわゆる歴史美は人生の集積としての歴史が時間性においてもつ美であるから、人生美の中に含めてよいのである。自然美と人生美との中間に位《くらい》するものに技術美がある。「五月雨《さみだれ》の堀たのもしき砦《とりで》かな」や「春や穂麦が中の水車」の美的観照が堀と砦と水車の方向に純化し現代化すれば、そこに砲台や軍艦や飛行機や無線電信塔や機関車や熔解炉や起重機の技術美が現前する。「砲身に射角あり寒江《かんこう》を遡《さかのぼ》る」「秋の浪艦《なみ》艇長き艫《とも》を牽《ひ》く」「機の翼《よく》と前輪《ぜんりん》青き野に弾《はず》む」「秋夜遭《あ》ふ機関車につづく車輛《しゃりょう》なし」「雪きざす小倉《こくら》を過ぎぬ火炉《かろ》燃ゆる」(山口誓子《やまぐちせいし》)。

かように風流が一方に自然美を、他方に人生美を体験内容とする限り、旅と恋とが風流人の生活に本質的意義をもって浮き出てくることは当然の理である。支考《しこう》が『続五論《ぞくごろん》』を旅論と恋論とで結んだのは人間の実存に関心する風流論としてすぐれた識見といわなければならぬ。「山川草木《さんせんそうもく》のすべて旅にあらざるものなし」として旅の地平から自然一般に接し、「恋に僧あり俗あり年わかく老《お》たるもあるべし」として恋の視圏《しけん》から人生一般に迫っているのである。風流人は「旅人とわが名よばれん初しぐれ」とも願い、また「かささぎや女の手にて哥《うた》は見ん」とも念じるのである。風流にあっては自然と人生と芸術とが実存の中核において渾然《こんぜん》として一つに融《と》け合っている。

なお風流と享楽《きょうらく》との関係はどうか。美的体験が享楽を与える限り、風流が味わうものであることは容易に理解される。自然美も人生美も味わわれる。芸術の翫賞《がんしょう》もそれ自《みずか》ら享楽であり、芸術の創作もまた享楽に根ざしている。しかしながら芸術と道徳宗教との接触面にあって美的享楽が価値体験の絶対享楽として自己を否定する場面があることをも知らなければならぬ。風流の滋味《じみ》を味わう心はまた白露《しらつゆ》の味を味として知る心である。

二

次に風流が自然美・人生美の体験を表現することによって創造する美的価値の諸様相について考えてみよう。まず「華《はな》やかなもの」と「寂《さ》びたもの」とがある。用語法の上では「山吹といふ五文字は風流にして華やかなれど、古池といふ五文字は質素にして実なり」(葛《くず》の松原《まつばら》)といっている場合のように特に「華やかなもの」の方を風流と称している趣《おもむき》もないではないが、今日の語感からは「寂びたもの」をも合せたいわゆる「風雅」を直ちに「風流」と考えて差支《さしつかえ》ないであろう。したがって風流には「師の風閑寂《かんじゃく》を好んで細《ほそ》し、晋子《しんし》が風伊達《だて》を好んで細し」(自讃之論)というように「寂び」と「伊達」の二面がある。すなわち風流には「芭蕉《ばしょう》型」と「其角《きかく》型」との二大類型が区別される。一方に「古池や蛙《かわず》飛びこむ水の音」や「枯枝に烏《からす》のとまりけり秋の暮」や「白露に淋しき味を忘るるな」の心境と、他方に「鐘ひとつ売れぬ日はなし江戸の春」や「傀儡《かいらい》の鼓《つづみ》うつなる華見《はなみ》哉《かな》」や「花さそふ桃や歌舞伎《かぶき》の脇踊《わきおどり》」の心境との間には、おのずから乖離《かいり》的《てき》なものがある。雪舟《せっしゅう》の水墨《すいぼく》と又兵衛《またべえ》の濃彩《のうさい》、伊賀《いが》焼《やき》のさび膚《はだ》と色鍋島《いろなべしま》の光沢、謡曲の沈音《ちんおん》と清元《きよもと》の甲声《こうせい》などの対照もほぼこの類型にはまっている。一方で「我門《わがもん》の句は墨絵《すみえ》のごとくすべし、心《こころ》他門にかはりて寂《さ》びしをりを第一とす」(遺語集)と主張すれば、他方では「寂びしをりをもはらとせんよりは壮麗に句をつくり出さむ人こそこころにくけれ」(花鳥篇《かちょうへん》)と対抗している。しかしまた両方をひとしく顧慮する批判的立場もある。「蕉門の寂びしをりは可避春興盛席」(歳旦辞《さいたんのじ》)といって「寂びたもの」の妥当範囲を限局するとともに「祇園会《ぎおんえ》のはやしものは不協秋風音律」(同上)といって「華やかなもの」にも境界線を引いているのである。

なお、風流の産む美の中には「可笑《おか》しいもの」が存在している。「華月の風流は風雅の体《たい》なり、おかしきは俳諧の名にして、淋しきは風雅の実なり」(続五論)というとき、「華やかなもの」と「可笑しいもの」と「寂びたもの」との三つが区別されている。そうしてこの三つのうちに入らないものは「世俗のただごと」(同書)として排斥されている。「狂歌よまんには先《まず》大意を失ふべからず。大意とは風流とおかしみなり」(狂歌初心抄《きょうかしょしんしょう》)といふときには、風流と「をかしみ」とは別のもののようにも聞こえるが、決してそうではない。俵屋宗達《たわらやそうたつ》の風神《ふうじん》は何を語っているか。おどけは風神の性格の一面である。「をかしみ」は風流の構造のうちに見られる一つの契機である。「けろりくわんとして鳥《からす》と柳かな」や「大根《だいこ》引《ひき》大根で道を教へけり」や「衣更《ころもか》へて坐《すわ》つて見てもひとりかな」などは風流な可笑しみである。宗鑑《そうかん》、談《だん》林《りん》は「をかしみ」において一茶《いっさ》の先駆であるし、天鈿女命《あめのうずめのみこと》に始まった里神楽《さとかぐら》や鳥羽《とば》僧正《そうじょう》の鳥獣戯画は「一茶型」の著《いちじる》しい代表である。竜安寺《りょうあんじ》の虎子渡《とらのこわたし》の庭も見ようによってはこの型に属するとも見られる。

「可笑しいもの」に対して「厳《おごそ》かなもの」がなければならぬはずである。高野山《こうやさん》明王院《みょうおういん》や粟田《あわた》青蓮院《しょうれんいん》の不動明王像の流を汲むものに「荒海や佐渡によこたふ天の川」「声すみて北斗にひびく砧哉《きぬたかな》」「稲妻や闇《やみ》の方《かた》ゆく五位《ごい》の声」「五月雨《さみだれ》を集めて早し最上川《もがみがわ》」などの境地がある。風流が世俗を蹶《け》って起《た》つ発願《ほつがん》の誠をせめるならばそこに「厳かなもの」が産れて来なければならぬはずである。風流が「華やかなもの」と「寂びたもの」と「可笑しいもの」とだけを自覚して「厳かなもの」の自覚を欠くならば日本人の精神生活にとって大きい不幸といわなければならぬ。「師の句をうかがふに厳なるものあり」(答許子問難弁)という去来の言葉は風流人にしばしば忘れられているかのようである。芸術の思想性ということが近ごろ問題とされてきたが、そのいわゆる思想性は倫理的または宗教的思想として、大部分は「厳かなもの」の型に入ってくる性格のものであろうと思う。「橘《たちばな》やいつの野中《のなか》のほととぎす」では、たまたま橘の香を機縁として過去が深い眠りから現在の瞬間に同じ姿で蘇《よみがえ》って来ている。有体的に嗅覚《きゅうかく》されているのは橘―ほととぎす聯関《れんかん》であるが、その背後に形而上学的《けいじじょうがくてき》な永遠の今の厳かな感動が潜《ひそ》んでいる。「これやこの行くも帰るも別れては知るも知らぬも逢坂《おうさか》の関《せき》」も偶然と運命の神秘に重圧された哲学的な厳かな感覚であって、時間的に無限の展望を過去と未来に有《も》っている。また「吹きとばす石は浅間《あさま》の野分《のわき》かな」や「三十日月《みそか》なし千《ち》とせの杉を抱《だ》く嵐」などに見られる力としての「厳かなもの」は、音の世界では大薩摩《おおざつま》の嵐のような撥《ばち》の捌《さば》きに求むべきであり、そこに一つの新しい希望を繋《つな》ぐことが許されるであろう。

風流の所産にはなおまた「細《ほそ》いもの」もある。「鳥どもも寝入りてゐるか余吾《よご》の湖《うみ》」が「細み」の典型とされているが、「しづかさや岩にしみ入る蟬《せみ》の声」や「秋《しゅう》海棠西瓜《かいどうすいか》のいろに咲《さき》にけり」などにも対象に透徹してゆく「細み」の心と作品を細かく刻んでゆく鑿《のみ》の音とが感じられる。断層盆地にある静かな余吾《よご》の湖《うみ》では鳥どもまでも水とともに寝入っている。鳥どもも寝入っていることに気づくところに尋常ならぬ心の「細み」がある。蟬の声がミーンミーンと岩の隙間《すきま》にしみ入ってゆくところに聴覚の尖端《せんたん》が動いている。秋海棠と西瓜とが水々しい同じ一つの色合《いろあい》に感じられるところに鋭敏な色覚がある。「とり」と「いり」はともかくとして simi と semi や syuka suika の音韻関係にも繊細な官能の匂《にお》いがにじみでている。「山吹も柳の糸のはらみかな」にも、「細いもの」が感覚される。「この細きところ師の流なり、爰《ここ》に符合《ふごう》す」(自讃之論)といってあるように、「寂《さ》び」も「伊達」もしばしば相《あい》携《たずさ》えて「細み」へ尖鋭化するのである。

「細いもの」に対して「太いもの」もあるわけである。「句は磊落《らいらく》をよしとすべし」(新花摘《しんはなつみ》)の主張も「梅咲きぬどれがむめやらうめぢややら」の無頓著《むとんちゃく》も、おそらく「太いもの」への決意であろう。繁《はん》を省《はぶ》いて疎《そ》を尚《たっと》ぶなどというのと同じ心の向き方である。「牡丹《ぼたん》散《ちっ》て打《うち》かさなりぬ二三片《ぺん》」や「いづこより礫《つぶて》うちけむ夏木立《なつこだち》」や「我骨《わがほね》のふとんにさはる霜夜かな」や「鳥羽殿《とばどの》へ五六騎急ぐ野分《のわき》かな」などはみな「太きもの」への意図に添った作であろう。色覚も音覚も触覚も運動感覚も、いずれも疎《あら》いもの太いものの磊落性を素樸《そぼく》に平淡にたのしんでいる。「太いもの」は「蕪村《ぶそん》型」といってもよいかも知れぬ。現代的な技術美も主として「太いもの」として幾何学的な点と線と面と運動において観照される。「細いもの」へ向うのが「細みの精神」であるに対して、「太いもの」へ向うのはいわゆる「幾何学の精神」である。なお「細いもの」と「太いもの」との対照は、或る意味では円山四条《まるやましじょう》派と文人画《ぶんじんが》にもあらわれているし、藤間《ふじま》流の踊と井上流の舞、小唄《こうた》と長唄などの対照にも見られる。

三

風流の産む美的価値の本質的構造は三組の対立関係に還元される。「華《はな》やかなもの」と「寂《さ》びたもの」とが一組、「太《ふと》いもの」と「細《ほそ》いもの」とが一組、「厳《おごそ》かなもの」と「可笑《おか》しいもの」とが一組である。このうちで第一組と第三組とには美的価値が比較的純粋な形で現われている。そうして第一組は純然たる質的規定であるが、第二組は或る程度まで量的規定とでもいったふうのところをもっている。量的というのは「太いもの」と「細いもの」との相違が心と対象との間隔の量的関係に依存すると考え得るからである。それに反して「華やかなもの」と「寂びたもの」との相違は、対象に与えられる色合《いろあい》に関する限り純然たる質的のものということができるのである。譬《たと》えていえば、網の目があらければ大きい魚しか懸《かか》って来ないが、網の目を細かくすれば小さな魚まで捕えることができる。網が魚の群へ肉薄する場合に、網の目の大小という空間的関係がそのまま網と魚との間隔を量的に決定するのである。心と対象との間にも、ちょうど同じような関係がある。心を太く持てば対象は遠くから粗《あら》い輪廓《りんかく》だけを示してくる。心をほそくすれば対象の細部へまで迫ってゆくことができる。心と対象との間隔の量的関係をいかにきめるかは風流心の個性によるのである。「細み」が「句の心」といわれるのは対象へ肉薄するほそい心の尖端が見えているからである。また或る対象を白昼の光に照すか日没の薄明に置くかによって対象の色調が違ってくる。その場合には空間ではなく時の推移という時間的関係が決定的意味をもっている。それと同じようなことが芸術制作に際しても起ってくる。対象が華やかな色を帯びたり、寂びた色を帯びて現われてくる。「寂び」が「句の色」といわれるのは対象の色合が感覚されるからである。第一組と第二組との相違をこのように見て来たのであるが、第二組が心と対象との間隔の量的関係にあくまでも終始するというわけではない。間隔の量的関係はまたおのずから対象の性質を規定するから、そこに対象の色合が出てくるのも必然である。量から質へ不知不識《しらずしらず》に移動のあることは十分に認容して置かなければならぬ。

次に第三組には美的価値でない他種の価値が著しく混《まじ》って来ている。「厳かなもの」では倫理的宗教的価値が重さを与えているし、「可笑しいもの」では学問的知的価値が軽さに寄与している。この第三組に属するものを、第一組と第二組との美的価値に対して仮りに準美的価値と名づけることが許されるであろう。また第一組にあって「華やかなもの」の側《がわ》には美的価値が孤在的に濃厚な色彩で現われているが、「寂びたもの」の側には「厳かなもの」と「可笑しいもの」との影が宿されている事実に基づいて美的価値が複雑な色調にまで円熟して来ている。この視圏から三組の対立関係を、再吟味してみれば、美的価値が最も純粋に現われているのは第二組の「太いもの」と「細いもの」との対立関係であり、第一組の「華やかなもの」と「寂びたもの」との対立関係には美的価値以外の価値が混淆《こんこう》し始め、第三組の「厳かなもの」と「可笑しいもの」との対立関係においては他種の価値が更に優勢を占めて来ているのである。

なお三組の対立関係において、対立者相互の否定関係を考察してみよう。第二組の「太いもの」と「細いもの」との間では一旦否定し合ったならばその関係が定着して不動のものとなる。「細いもの」が否定されて「太いもの」になるか、「太いもの」が否定されて「細いもの」になるか、そのいずれかが一旦《いったん》選ばれるならばそれが決定的意味をもってくる。選択をし直すこと、否定をし直すことはもちろん可能であるが、その選択的否定の一方から他方へ急速にまたは漸次《ぜんじ》に推移する必然性のごときものは、否定の性格そのもののうちには決して存在していない。風流な「心」の主観的決定が客観を一義的に固定させてそこに不動性が見られるのである。しかるに第一組の「華やかなもの」と「寂びたもの」との間では、一方の否定性が時の経過とともに次第に否定力を増してゆく必然性をもっている。「華やかなもの」が漸次に否定されて「寂びたもの」へ推移する必然性が風流の構造の中に存在しているのである。「予が年やうやう四十二、血気いまだおとろへず、尤《もっとも》句のふり花やかに見ゆらん。しかれども老《おい》の来《きた》るにしたがひ、寂びしほりたる句、おのづからもとめずして出《いづ》べし」(贈落柿舎去来書《らくししゃのきょらいにおくるのしょ》)ということが何らかの意味でいい得るように「華やかなもの」から「寂びたもの」への漸進性が対象の「色《いろ》」に濃淡するのである。第三組の「厳かなもの」と「可笑しいもの」との間にはどういう否定関係があるかというに、常に互に否定し合う性格を否定性そのもののうちに必然性としてもっている。「厳かなもの」は「可笑しいもの」へ、「可笑しいもの」は「厳かなもの」へ常に急速に転化しようとするのである。「厳かなもの」は主体小と客体大との関係に基づき、「可笑しいもの」は主体大と客体小との関係に基づいている。そうして大とか小とかは相対的なものであるから、立脚地に即して位置の顚倒《てんとう》が行われ、大と小とがたちまち交代するのである。「天文を考へ顔の蛙かな」では、蛙の世界が人間の世界へ移ることによって、主体小に主体大が交代し、客体大に客体小が交代し、ために「厳かなもの」が「可笑しいもの」へ転化している。すなわち小主体としての蛙と大客体としての天空との関係に基づいた「厳かなもの」が、大主体としての人間と小客体としての蛙との関係に基づいた「可笑しいもの」へ転じている。「瘦蛙《やせがえる》まけるな一茶《いっさ》是《これ》にあり」では、知的地平から倫理的地平へ上ることによって、客体小が客体大に場所を譲り、主体大が主体小に場所を譲り、その結果として「可笑しいもの」が「厳かなもの」へ転化している。小客体としての蛙と大主体としての人間との関係に基づいた「可笑しいもの」が、大客体としての道徳と小主体としての人間との関係に基づいた「厳かなもの」へ転じている。このような「厳かなもの」と「可笑しいもの」との間に存する交代性によって風流心は人生の悲喜劇を目撃することができるのである。要するに対立者相互の否定関係に基づいて、第一組には漸進性が、第二組には不動性が、第三組には交代性が見られるのである。不動性、漸進性、交代性というように可変性の増大が、美的価値に対する他種の価値の混合度の増大に比例していることは注目に価《あたい》する点である。

四

以上の関係を左の図のように正八面体によって図式化して見ることができる。

六つの類型は六つの頂点を占めている。作図はまず互に垂線なる「華」「寂」と「太」「細」の二直線を両対角線とする正方形を作れば、その正方形が狭義の美的価値の面であって、対角線「華」「寂」は漸進性を、対角線「太」「細」は不動性をもっている。次にこの正方形の中心Oを過《よぎ》ってこの平面に一つの垂線を作り、その垂線上に「厳」および「笑」の二点を取って、二点間の距離を正方形「華」「太」「寂」「細」の対角線の長さに等しくすれば、直線「厳」「笑」は交代性をもつ準美的価値を表わす。そうして「厳」および「笑」の二点を正方形「華」「太」「寂」「細」の各角頂に結び付ければ、多面体「厳」「華」「太」「寂」「細」「笑」が風流正八面体である。風流の産むすべての価値は、この正八面体の表面または内部に一定の位置を占めている。

「しをり」といわれているのは、「寂」「細」の二頂点を結び付けている稜《りょう》を漸近線とする曲線を指しているか、あるいは「寂」「細」「O」の三点によって作られる直角三角形内に描《えが》かれた任意の抛物線《ほうぶつせん》を指しているか、そのいずれかであると思う。

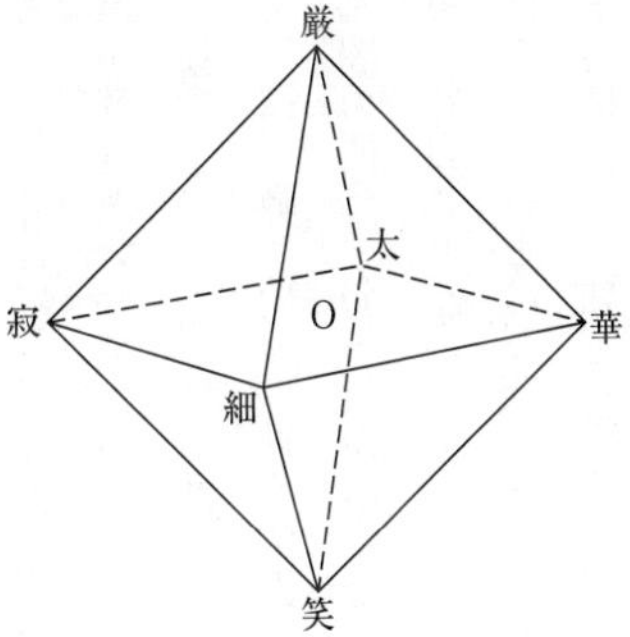

「しをり」は「句の姿」とされているが、主観的な情に対する客観的な姿であることのほかになお「姿」という言葉のうちには単なる「寂《さ》び」や単なる「細《ほそ》み」よりもさらに複雑な構造が目撃されなければならぬ。「十団子《とおだご》も小粒《こつぶ》になりぬ秋の風」に「しをり」があるといわれているが、この句について見れば、団子も大粒から小粒に変わり、時節も夏から秋に移っている。空間的にも時間的にも漸消《ぜんしょう》状態への方向をもった変化がある。そうして空間的な線または時間

的な持続の長さが句の姿の中にありありと感覚されるとともに句を越えて延びている。「しをりは句の余情にあり」(答許子問難弁)とか、「しをりは句の余勢にあり」(誹《はい》諧語《かいご》録《ろく》)とかいってあるのもそこから理解される。

「位《くらい》」というのは、「厳」「細」の二頂点を結び付けている稜の上にあって、中央よりは「厳」の方に近く位置しているもののように考える。「卯《う》の花の絶間《たえま》たたかん闇《やみ》の門」の句の位が尋常ならずといわれている。「惣《そう》じて寂び、位、細み、しをりの事は以心伝心なり」(去来抄)と説かれているのに、このようにさかしらな言挙《ことあ》げをすることは蕉門の趣旨に背《そむ》くことであるかもしれず、「細みの精神」を「幾何学の精神」に翻訳し得ると考える誤謬《ごびゅう》に基づいているかもしれないが、私にとってはこれもいのちをつなぐ「ほそき一筋」の嚮導《きょうどう》するところで如何《いかん》ともしがたいのである。

「まこと」は「鬼貫《おにつら》型」であるが風流正八面体の中心Oの深く沈潜している生産点を意味している。Oは自己の立体的活動によって多面体を生産するのである。すべて「只《ただ》まことに基づく」(ひとりごと)のである。芸術制作は遠心的運動にほかならぬ。「深きより浅きに出《いづ》」(同書)るのである。「名人とはさのみ面白き聞えもなうて、底深く匂ひあるをいへり。猶其奥《なおその》に至りては、色もなく香もなきをこそ得たる所というなるべし」(俳諧七車《はいかいななくるま》の序《じょ》)。「まこと」の遠心運動は、同時に求心運動でもあり、結局は○を中心とする渦動運動である。ただし「まこと」に「現実のまこと」と「風流のまこと」との区別のあることを知らなければならぬ。「現実のまこと」は、虚実論でいう「実」よりしか知らない。「風流のまこと」は、「虚」「実」の綜合《そうごう》としてのいわゆる「正」を定石《じょうせき》とするのはいうまでもなく、時としては「虚」そのものをも容《い》れるものでなければならぬ。「糸切《いときれ》て雲より落つる鳳巾《いかのぼり》」の「実」をも、「糸切て雲ともならず鳳巾」の「正」をも、「糸切て雲となりけり鳳巾」の「虚」をも、みなひとしく包容する度量をもったのが「風流のまこと」である。風流にとっては、「角《かく》な卵」も「鵺《ぬえ》」も「白髪三千丈《はくはつさんぜんじょう》」も「かささぎの橋」も「竹から生れた赫耶姫《かぐやひめ》」も「立上《たちあが》って吼《ほ》える石のライオン」もみな「まこと」であり得る。「たとへば酒に酔《よえ》るものの、道路幾筋にも見え、端の三つ四つにも見ゆるがごとき、酔中の誠とやいふべき。憂にせまり喜にたへずしてはしかならんかし」(続明烏《ぞくあけがらす》の序《じょ》)。風流人の唯一の課題は、美意識の識閾下《しきいきか》に沈潜して「風雅の誠をせめたどる」(赤双紙)ことである。

「もののあはれ」は『源氏物語』や琴曲や土佐《とさ》派の絵画や遠州《えんしゅう》好みの庭園などに全面的ににじみでているが、「寂」「細」「華」の三頂点の作る直角三角形を意味するものであろう。「世の中にたえて桜のなかりせば春のこころはのどけからまし」は典型的である。「竹の葉に風ふきよわる夕暮のもののあはれは秋としもなし」も特徴を見せている。「もののあはれ」は主として平面的性格をもったものには相違ないが、平面にあっても正八面体の中心Oへの関心を重畳《ちょうじょう》する限り、実存感覚の深化が可能である。「こちらむけ我もさびしき秋のくれ」や「冬籠《ふゆごもり》又よりそはむ此《この》柱」や「去られたる門《かど》を夜見る幟《のぼり》かな」に見られるように、「まこと」から深く湧《わ》きでてくる「もののあはれ」は生き物としての人間の人間性に喰《く》い入っている。立体はOを中心として自己を平面化する衝動《しょうどう》を本質的にもっているかのようでもある。「幽玄《ゆうげん》」にあっては立体性が顕著である。「なには潟《がた》あさ漕《こ》ぎ行けば時鳥《ほととぎす》声をたかつの宮に鳴くなり」や「風ふけば花の白雲やや消えてよなよな晴るるみよしのの月」などが「幽玄」とされている。「華」「太」「寂」「細」の四点の作る正方形を底面とし「厳」を頂点とする正方錐《せいほうすい》を底面に平行な平面によって斜稜《しゃりょう》の中央で截《き》れば、截り口を底面とする正方錐が得られる。その得られた正方錐が「幽玄」の空間的位置を表わしているであろう。ただし「幽玄」では陰影が役を演じている。風流正八面体を半透明体と仮定し、二頂点「華」と「笑」との作る稜の上において中央より「笑」に近いところに発光体を置くならば、幽玄正方錐は頂点に近づくに従って陰影を濃くするであろう。さきに挙げた「厳かなもの」の例のうちで「稲妻や闇の方ゆく五位の声」や「橘《たちばな》やいつの野中のほととぎす」や「三十日月なし千とせの杉を抱く嵐」などは「幽玄」として特殊化されている。天人が天降《あまくだ》るという琵琶《びわ》の秘曲や阿弥陀《あみだ》二十五菩薩《ぼさつ》来迎図《らいごうず》なども「幽玄」に属している。「幽玄」の意味が平安朝を通じて変様を示したのは幽玄正方錐におそらく次のような変化が起ったのである。すなわち幽玄正方錐の底面の各角頂が頂点「厳」と反対の方向に移動することによって斜稜を延長し、次第に底面が正方形「華」「太」「寂」「細」に接近して行った。それと同時に頂点の近くで底面に平行な平面によって截られて截頭《せっとう》正方錐になったのである。また次のような場合もあった。底面の各角頂の下降運動の速度が不同であったために、正方錐「厳」「華」「太」「寂」「細」が斜《ななめ》に截られたような結果になり、幽玄正方錐は底面の正方性と水平性とを失って斜四角錐として自己を規定するようになった。そうして「寂」と「太」の方向へ移動する二点の速度が「華」と「細」の方向へ移動する二点の速度よりも大であった場合には「幽玄」はむしろ「閑寂《かんじゃく》」の様態を取り、速度の関係が反対の場合には「幽玄」の意味が「妖《よう》艶《えん》」に変じたのである。またしたがって、陰影が暗度を減じて「幽玄」は「玄《くろし》」の意味をほとんど失って「幽《かすか》」の意味にまで平淡化したのである。

「優美」は「幽玄」と反対の方向へ立体性を示している。「華」「寂」「細」「笑」の四頂点の作る四面体が「優美」であろう。「此程《このほど》を花に礼いふ別れ哉」や「五月雨や傘《からかさ》につる小人形」や「梅一りん一りんほどのあたたかさ」などの領域である。双頰《そうきょう》に明るい朗かな微笑を浮べていることが「優美」の特色でなければならぬ。「もののあはれ」は、「優美」の中で「笑」が失《う》せるとともに「細」が強調されたものであろう。「やさしみ」というのは、その場合場合で「優美」とも一つに見られ、

「もののあはれ」とも一つに見られている。

「壮麗」とか「豪華」とかいうのは、「華」「太」「厳」「○」の四点の作る四面体を指していると思う。「ほそくからび」に対して「ふとくおほきに」というのも、風流正八面体の一頂点としての「太」だけを単に意味しているのではなく「壮麗」の四面体をいっているのであろう。「春夏はふとくおほきに、秋冬はほそくからび」(無名抄《むみょうしょう》)といって「雲誘ふ天《あま》つ春風かほるなり高《たか》まの山の花ざかりかも」と「打《うち》はぶき今もなかなん郭公《ほととぎす》卯花月夜《うのはなづきよ》さかりふけ行く」とが「ふとくおほきに」の例に挙げてある。「奈良《なら》七重《ななえ》七堂伽藍《しちどうがらん》八重桜《やえざくら》」や「閻王《えんおう》の口や牡丹《ぼたん》を吐かんとす」などもここに所属する。永徳《えいとく》や光琳《こうりん》の境地である。醍醐三宝院《だいごさんぼういん》の庭の境地だと言ってもよい。

「侘《わ》び」は「壮麗」と対蹠的《たいせきてき》なものであるが、「寂」「細」「○」の三点の作る直角三角形内に位置をもった一定点であろう。「山里は秋こそことにわびしけれ鹿の鳴くねに眼をさましつつ」も、「わび人の涙に似たる桜かな風《かぜ》身にしめばまづこぼれつつ」も、「侘《わ》びてすめ月侘斎《つきわびさい》が奈良茶歌《ならちゃうた》」もみな同じである。「わぶと答へむとすれど問ふ人もなしなほわびわびて」(芭蕉書翰集)というように「侘《わ》び」は寂びてかつ心細い気分である。「もののあはれ」から直角三角形「華」「細」「○」を除去したのが、「侘び」の属する直角三角形である。「侘び」は「もののあはれ」の特殊化に過ぎぬ。利休《りきゅう》の侘茶《わびちゃ》も「もののあはれ」を満喫している。すべての「侘び」は「もののあはれ」であるが、すべての「もののあはれ」は「侘び」であるとは限らないのである。「しをり」との関係をいえば、「しをり」が曲線であったのに対して「侘び」は同じ三角形内の一点である。「侘び」が一定の条件に従って運動した場合の軌跡を「しをり」と考えることもできる。「わびぬれば身をうき草のねをたえて誘ふ水あらばいなんとぞ思ふ」には宇津《うつ》の山の十団子《とおだんご》の客観的即物性をそのまま再認することはできないが、主観的感情主義の銀幕に映っているしおらしい姿に「侘び」の軌跡としての「しをり」の一例を見ることが許されるであろう。その他、歌沢《うたざわ》の節廻《ふしまわ》しや墨絵の描線《びょうせん》などで「侘び」と「しをり」との関係について教えられることがある。

以上、正八面体が風流の産む美的価値を表わすものと考えたのであるが、それに対して抗議が起らぬとも限らない。なぜならば、歴史的に最も顕著な形を取った風流は「華」「寂」の対角線にあっては「寂」に偏し、「太」「細」の対角線にあっては「細」を重んじ、「厳」「笑」の対角線にあっては「笑」を選ぶという傾向を示したからである。したがって、風流を表わす形体は正八面体ではなく、「寂」「細」「笑」「〇」の四点の作る四面体であろうという議論も起ってくるかもしれぬ。しかし、醍醐《だいご》に花見の宴を開いた豊太閤《ほうたいこう》や大堰川《おおいがわ》に蒔絵《まきえ》を投じた光琳《こうりん》を一種の風流人と見ることに同意を拒《こば》まない限り、そういう反対論は脆《もろ》くも破れてしまうのである。

昔の哲学者は、地、水、火、風の四原質のうちで地の微粒子は正六面体を成し、水の微粒子は正二十面体、火の微粒子は正四面体、風の微粒子は正八面体を成すと考えたのであった。「風」の微粒子の形態とされていた正八面体が「風流」の価値体系を表わし得ることは、偶然ではあるが似合《にあ》わしいと考える。

五

『風流志道軒伝《ふうりゅうしどうけんでん》』の著者風来山人《ふうらいさんじん》は、地、水、火、風を水、火、土、気といっているが、「水火土気は天地の間《かん》にみちみちたる故《ゆえ》、もとより人の体中《たいちゅう》に備へたれば、四《よつ》の物みな体中より出《いづ》るなり。日々の食物糞《ふん》と成つて五穀《ごこく》の肥《こやし》となる、これ人間の体《からだ》より土の出《いづ》るにあらずや。また小便となり汗と成るは体中水を出すなり。上《かみ》に在《あ》つては呼吸、下《しも》に在つては屁《へ》と名づく、是《こ》れ体中気の出《いづ》るなり」(放屁論後編《ほうひろんこうへん》)と体中の「風」を説いている。そうして「唐の反古《ほご》にしばられて、わが身がわが自由にならぬ屁ッぴり儒者」(風流志道軒伝)を罵《ののし》り、「飛行自在《ひぎょうじざい》の身となり、風に任《まか》するからだなれば、みづから風来仙人《ふうらいせんにん》と号する」一仙人が「暑き時は涼しき風出《い》で、寒き時は暖《あたたか》なる風を生じ、飛ばんと思へば羽ともなる」「仙術の奥義《おうぎ》をこめし団扇《うちわ》」(同書)をもっていることを称《とな》えている。体中の「風」が呼吸を媒介《ばいかい》として、碧空《へきくう》に吹く

「風」に身を任すときに、風流の士となるのである。

要するに、風流とは自然美を基調とする耽美《たんび》的《てき》体験を「風」と「流」の社会形態との関聯《かんれん》において積極的に生きる人間実存にほかならぬものであるが、そういういわば芸術面における積極性にはあらかじめ道徳面における消極的破壊性が不可欠条件として先行している。風流とはまず最初に離俗した自在人としての生活態度であって「風の流れ」の高邁不羈《こうまいふき》を性格としている。ただしその破壊性は内面的破壊性を意味しているのであって、社会的勤労組織との外面的形式断絶を意味するものではない。かえって社会的勤労組織そのものの中に自然的自在人を実現することこそ現代的には真の風流であるともいえよう。

しかしながら、風流人は畢竟《ひっきょう》するに「選ばれし者」である。投げ企てる風流は投げられることに懸《かか》っている。風流への招きは「天《あま》つ風《かぜ》雲のかよひ路《じ》ふきとぢよ」の「天つ風」の吹き廻《ま》わしに待たなければならぬ。そうして風流による唯美《ゆいび》主義の体験は、忽然《こつぜん》として現前する天女の舞姿に、「乙女の姿しばしとどめん」と呼びかける心の「まこと」にほかならぬ。風流は吹きはらわせる息吹《いぶき》から成った風神級長戸《しなと》辺命《べのみこと》への帰依《きえ》と、雲のかよい路《じ》を降《お》りてくる自然児風来仙人への祈願とを最後の根《こん》柢《てい》として予想するものである。

情緒の系図

——歌を手引として——

一

情緒の系図をたどってみようと思うのであるが、歌を手引とすることにしよう。手引と言ってはあるいは少し言い過ぎるかもしれない。具体的例証として歌を挙げると言った方がよいであろう。歌は感情の発露であるから、感情の諸相やその系譜的聯絡《れんらく》を調べる場合には絶好の文献といわなければならない。殊《こと》に詩形が小さくて、その全体に感情が盛られているのであるから、或る一定の感情の全貌《ぜんぼう》を窺《うかが》うには、これほど便利なものはない。

俳句と短歌とどちらがその目的に便であるかというに、短歌の方が便であると私は考える。五、七、五の俳句は文芸の上ではまるで一点のようなものである。短歌は、五、七、五、七、七であるところに時の流れが感じられる。おのおのの特色を誇張するならば、俳句は空間的、絵画的であり、短歌は時間的、音楽的であるといってもよいかもしれない。またしたがって、俳句は客観的な叙景に適し、短歌は主観的な抒情に適するというようにもいえるであろう。短歌が、五、七、五と詠《よ》んで、七、七と結ぶところに感情の余韻を托《たく》すべき形式的構造がある。

現代人の感ずる情緒を対象とする以上は、現代の歌によらなければならない。ちょうど、『新万葉集』というものが発刊されつつあるから、それによることにしよう。便宜上、巻二だけに限ろう。巻二だけでも七百五十六人の歌、二千八百七十首が載《の》っている。歌人の数から言っても、歌の数から言っても、私の目的には十分に足りている。

二

最も主要な情緒は、「嬉《うれ》しい」という情緒と、「悲しい」という情緒とであると言ってよい。デカルトによれば、善なり悪なりが、我々に属するものとして表象された場合に、現在の善という意識は我々に「嬉しさ」を起し、現在の悪という意識は我々に「悲しみ」を起す。スピノザの言《い》い廻《まわ》しによれば、精神が一層小さい完全から一層大きい完全に移るのが、「嬉しさ」で、精神が一層大きい完全から一層小さい完全に移るのが、「悲しみ」である。

江連詩路潮

みいのちにあへるうれしさ衰《おとろ》へし母が身ちかくわれは坐《すわ》るも

片桐　良

涸《か》れてゐし田になみなみと灌《そそ》ぐ水ランプさし寄せ見つつうれしも

戸のすき間《ま》いまだ暗けど雀子《すずめご》のさへづるきこゆうれしや朝なり　川端千枝

第一の場合は、母が重態だという知らせを受けて、間に合うかどうかを心配しながら郷里へ帰った者が、未《ま》だ生きている母に逢《あ》い得た時の嬉しさである。第二の場合は、旱魃《かんばつ》に際して、田に水を灌ぎ得た時の嬉しさである。第三の場合は、病人が一晩中眠れないで、夜の明けたのを知った時の嬉しさである。いずれもみな完全性の小さい状態が先行している。それ故に、嬉しさとは、一層小さい完全性から、一層大きい完全性への推移だと言っていい。またそれは、現在の善の意識だと言ってもよいわけである。「悲しみ」の方は

韓の国のをはりの王《きみ》とよろづ世に悲しき今日を言ひ継《つ》ぎにせむ　川田順

奥山秋歩

大連《だいれん》の駅に今日降る春の雨かなしきことは言はで別れむ

この生活《くらし》になづみ来につつ心かなし朝々母のわが靴を磨く

川中悠行

第一の場合は、李王《りおう》殿下の大葬の際の歌であるから、生から死への推移が、一層大なる完全性から一層小なる完全性への推移である。第二の場合には、別れの事実が、第三の場合には、靴を磨くのが下女《げじょ》でなく母だという事実が、一層小なる完全性である。「悲しい」とは、現在の悪の意識だということができる。なお、リボーは「悲しみ」に積極的のものと、消極的のものと、両者の混合しているものとの三つを分けて、積極的の悲しみとは運動の消費であり、消極的の悲しみとは運動の停止であるとした。言い換えれば、骨の折れる仕事や新しい労力の表象が「積極的悲しみ」であって、例えば試験に落第してまたもう一度その試験を受け直さなければならないというような場合である。欠損や喪失《そうしつ》の意識が「消極的悲しみ」であって、例えば愛する人が死んだ場合である。「混合的悲しみ」は例えば金満家が破産してまたもう一度盛り返そうとする場合である。しかし、これらのいずれの場合でも、積極的な消費なり、消極的な停止なりを、現在の悪または一層小なる完全性と感じていることには変りない。

「嬉しい」とか、「悲しい」とかいう情緒は、心の内奥《ないおう》に深く感じられる感情であるが、それらが外部へ向って方向を提示された場合に、「喜び」とか「歎《なげ》き」とかいう様相を取ってくるのである。例えば

勤め遅く帰りし我を声立てて喜ぶまでに子は生《お》ひ立ちぬ　　冠木富美

日蝕《にっしょく》の終れりと見るやアイヌ等《ら》はウエンカムイ去れりと喜び踊る　　大江剛男

国挙《こぞ》る大きよろこびは新聞にラヂオに溢《あふ》れ心にぎにぎし　　神原克重

声や踊や新聞やラジオに溢れ出るような方向を取っていることが「喜び」という様相の特徴である。「歎き」も同様に遠心的方向を示している。

大野　保

今にしてこの家売らば老いの世にいづちゆかむと母の嘆かす

大村呉楼

寝不足を歎ける日記は山ぐにに帰りたまひし後もおなじき

河井たか子

母刀自《ははとじ》が嘆かす言《こと》はさながらにかつて知りたるわが思ひなる

第二の歌は、『中村憲吉《なかむらけんきち》全集』の編纂者《へんさんしゃ》の歌であり、第三の歌は、令息の轢死《れきし》を嘆く母刀自の嘆き言を、やはり不慮に子を死なせた経験をもつ女性が聞いて歌った歌である。「喜び」や「歎き」は、こういうように外への方向をもった様相であるが、「嬉しさ」や「悲しみ」と全然別のものだというわけでないのはもちろんである。

ここに注意すべきことは、「嬉しさ」が「喜び」に対する関係と、「悲しみ」が「歎き」に対する関係とは必ずしも同じではないということである。「嬉しさ」は興奮的な情緒であるから、もともと「喜び」へ展開する強い傾向をもっている。「嬉しさ」の受動性は「喜び」の能動性へ行かないでは止《や》まないのである。それに反して、「悲しみ」は抑鬱的《よくうつてき》な情緒であるから、「歎き」へ展開することを必ずしも必要とはしない。「悲しみ」の受動性は「歎き」の能動性へ行くとは限らない。深い「嬉しさ」が必然的に「喜び」へ推移するに反して、深い「悲しみ」は「歎き」へ開かずにみずからの中《うち》に閉《と》じ籠《こも》ろうとするのである。その結果として「悲しみ」と「歎き」とを区別することはむしろ容易であるが、「嬉しさ」と「喜び」とを区別することは事際上は甚だ困難である。ジョルジュ・デュマも悲歎《トゥリステス》に受動的のものと能動的のものとを区別することはむずかしくないが、歓喜《ジョア》に受動的のものと能動的のものとを区別するのはむずかしいといっている。それで、この四つのものの中で、最も特色を発揮しているものは何かというに、「喜び」と「悲しみ」とである。「嬉しさ」は「喜び」に比して何か少し足りないところがあり、「歎き」は「悲しみ」に比して何か少し余計過ぎるところがある。我々が普通に「嬉しさ」と「悲しみ」とを対語として用いるよりは、むしろ「喜び」と「悲しみ」とを対語として用いるのもそのためである。

その関係については、それだけにして、次に、嬉しさは「笑《え》み」として顔面に現われ、悲しみは「涙」を誘うことがある。

ものいふと見交《みかわ》す目さへおのづから笑《え》みとなりゆくうれしさにをり　加藤杉枝

生きて行く事とぶらはむ手紙書きまさに悲しく涙落しけり　川崎杜外

なおまた、「嬉しい」とか「悲しい」とかいう情緒が、いわば末梢的《まっしょうてき》に皮相化されて、外面に接した心の一帯を占めて、特殊な情緒を形成する場合がある。「嬉しい」ことの末梢形態は「楽しい」という情緒である。「楽しみ」は発生的には感覚的なものから、精神的なものへ移り行った形跡を濃厚にもっている。

裏畑にけむりのごとく時雨《しぐれ》する今朝《けさ》をたのしく菜《な》を煮てたぶる　加藤東籬

寒菊を活《い》けたる瓶のかたはらに林檎《りんご》をおきてひとりたのしむ　海達貴文

父となり子となりて相抱《あいいだ》きつつしづかに夜をねむるたのしさ　金子薫園

「たのし」は天照大御神《あまてらすおおみかみ》が天磐屋戸《あまのいわやと》を出《い》でたもうたときに、諸神が「手伸《たの》して」喜び歌ったところから来ているというが、手を伸ばすことは空間的の意味のほかに、時間的の意味をももち得る。時間的には未来へ向って手を伸ばすことである。「楽しい」とは未来への展望を判然ともっている場合もある。

籠《かご》に飼ふ小さき鳥すらに生まれ来て育ちゆくものは見るに楽しも　川崎杜外

添寝《そいね》せる吾《われ》の指《および》を握りつつ癒《い》ゆるその日を楽しみまちつ　川谷とせ

下積の生活《たづき》はながし年金のねぶみをしつつひとりたのしむ　金沢長三郎

「悲しい」ことの末梢形態として、「楽しい」ことに照応するものは、「苦しい」ことである。三受とか五受とかいう場合にも、「楽受」に対して「苦受」が立てられている。唯識論《ゆいしきろん》によれば、順情の境に対する分別的な受は「喜受」であり、違情の境に対する分別的な受は「憂受」である。また、順情の境に対する無分別的な受は「楽受」であり、違情の境に対する無分別的な受は「苦受」である。「嬉しさ」――「喜び」がほぼ喜受に当り、「悲しみ」――「歎き」がほぼ憂受に当り、「楽しみ」がほぼ楽受に当り、「苦しみ」がほぼ苦受に当るといってよいであろう。

年月を親しく聞きしその声はいま臨終《りんじゅう》の苦しみもらす　　川端千枝

願《ねがい》なき身とし知る時しづかなれやさしき言《こと》をきくは苦しき　　金田千鶴

行詰《ゆきづ》まる世のもとするゐを窮《きわ》めつつ村を治むることに苦しむ　　唐木田李村

「苦しみ」が感覚的なものから、精神的なものへ移り行っていることはいうまでもない。

今まで取扱った「嬉しさ」「悲しみ」「喜び」「歎き」「楽しさ」「苦しさ」の六つを、図式的に言い表わせば、「嬉しさ」と「悲しみ」とは円の中心に位置を占めている。「喜び」と「歎き」とは円の中心から円周へ向って引いた半径のようなものである。そうしてそれは、閉じてある雨傘《あまがさ》をひろげるように、いつも中心が元で、半径は中心からの放射に過ぎない。「嬉しさ」の傘は開きたがるし、「悲しみ」の傘はむしろ閉じてあることに甘んじている。「楽しさ」と「苦しみ」とは中心から遠ざかって円周の近くに位置している。蛇目傘《じゃのめがさ》の周辺が黒色などに塗ってあるあの部分が「楽しさ」と「苦しみ」との場所である。

なお「嬉しさ」は大きく発散すると、「笑《え》み」を越えて「笑い」に爆発するのが普通である。

寝せおけど寝せおきかねて顔出せばこぼるるばかり笑ふ吾子《あこ》かな　加藤美知子

たはむれて海に笑へる声きけばてんぐさ採りは若きをみなご　川端千枝

「悲しみ」は抑圧すると「憂《うれ》い」として蓄積する。

勝田基文

妹《いも》がうれひなぐさめかねて天《あま》つ日《ひ》の光りのもとに立ちつくしたり

神吉妙子

まぎれざる憂《うれい》をもてば茶を立つるわが三昧《さんまい》の時にくづるる

ツァラトゥストラの朗かな笑いと、キリストの「死ぬるばかりの憂い」とは両極に立っている。次に情緒の余韻ともいうべきものは気分である。「嬉しい」気分は

川中悠行

吾《あ》を思ふたらちねの母世にますと心ほがらに独言したり

川田順

吾がいのち長閑《のどか》なる日もありにけり公園に来て鶴を見て居り

「悲しい」気分は

むらさきの花に蔭《かげ》あり光りありみつめてゐたり暗きこころに　太田ふぢ子

雨もよひ重き心にまむかふや光しづむる菜の花の色　川口れい

なお、これらの情緒および気分の根柢《こんてい》にはすべて「快」と「不快」の感情があって、指導的意味をもっている。言うまでもなく「嬉しさ」「喜び」「楽しさ」等は快感であり、「悲しみ」「歎き」「苦しみ」等は不快感である。

三

今まで挙《あ》げた情緒はいずれも純主観的な情緒であった。然《しか》るにここに、対象への志向性を主要な内容とする一群の情緒がある。主観的情緒に対して客観的情緒と名附けてもよいかもしれない。

対象が我々に「嬉《うれ》しさ」を起させるものであれば、その対象に対して、我々は「愛」を感じ、「悲しみ」を起させるものであれば、その対象に対して、「憎」を感ずる。スピノザの言葉を借りて言えば、愛とは外部の原因の観念を伴った嬉しさであり、憎とは外部の原因の観念を伴った悲しみである。いったい「嬉しさ」と「愛」とは言葉の上でも深い関係をもっている。「うれし」は「うるはし」から転じた言葉であるというが、その「うるはし」は「心《うら》—愛《は》し」にほかならない。

妻《め》を娶《と》らば妻《め》を愛さむとおもひけりあはれその頃の子供心に
金子薫園

そのもろ手こなたにむけていだかると吾《あ》を見てするよ児《こ》は愛《は》しきかも
金登双紫

尻《いさらい》に毛なき子の鳥巣《す》に入るとうしろ見すれば愛《は》しき様なり
川崎杜外

「憎」の「にく」は「苦飽《にがあく》」の略であるという。悲しみを齎《もた》らす対象に対して、我々は味覚的反撥《はんぱつ》を感ずるのである。

かたくなに思ひひそめてひたすらなる怒りは人を憎みそめつも
金沢ひさ子

憎まるるそれも一つの生活の張合ひとせんか事なく居りて
川端千枝

川島園子

よきことはまこと寡《すくな》き世ぞと知り憎まずなれるわが忘れ癖

「愛」と「憎」との二つの情緒は種々雑多の様相をもっている。またはそこから種々雑多の情緒が生れてくる。時間的性格の著しいものに関して、「愛」の側《がわ》からいえば、まず、対象との交渉が、その時間的存在において、起始から出発してある濃度に達すると「親しい」という内包的感情が生じてくる。

柏原俊郎

塀越しに朝々ものを言ひ交《かわ》し親しくなりて人去りゆけり

蛯原浜寿

住みつきて山家《やまが》は親し宵々《よいよい》に雁《かり》がね渡る頃となりにし

大井秀子

はぶ草は夕べ静かに葉を閉ぢぬ呼吸《いき》づくものの親しみを思ふ

愛する対象との交渉は、その時間的存在の存続において、終局を展望する限り、「飽足《あきた》らない」という外延的感情を常に伴っている。

吾《わ》れに似ると人皆言へり母上の若き姿は見れどあかぬも
大辻美枝子

新旧の歌論騒然たり人間の歌を歌ひてわれあかなくに
大橋松平

それのみならず、愛する対象の消滅、すなわち時間的非存在に対して「惜しい」という危機的感情をもつ。

うす紅《べに》の小《ち》さき貝殻をおもはする吾子《あこ》の爪かも剪《き》り惜しまるる
香村かすみ

大熊長次郎

枕辺《まくらべ》の瓶にし惜しむ花すらもとどまらなくにわれは長病《ながや》む

愛は常に愛惜である。言葉の上でも、「惜し」は「愛《お》し」にほかならない。

加藤敏子

愛《お》しまれて生くるをみなのさいはひを思ひゐる日のあたたかき窓

大塚五朗

身を愛しむ心切なり街を来て航空標識灯しばし仰ぎぬ

愛が愛惜として、愛するものの背後に、その消滅を予見する限り、愛は純粋な「嬉しい」感情ではなく、「悲しい」感情をも薬味《やくみ》として交《まじ》えた一種の全体感情である。「愛《かな》し」という全体感情の中に「悲し」という部分感情が含まれているのである。

川崎生止松
ながらへむ望み空《むな》しき子と知りついよいよ愛《かな》しくなりゆくものか

金谷正二
鬼灯《ほおずき》を口にふくみて鳴らしをり愛《かな》しとおもふ山の娘《こ》ろかも

愛惜する対象の時間的存在の非存在性は「果無《はかな》さ」という一つの独立した存在論的感情を生む。

大越候鳥
銃音《つつおと》の響く時のま撃《う》たれたる鳥の落つるははかなかりけり

大塚武司
解剖台《かいぼうだい》に横たはる頬に白粉のかすかに残るを見るははかなし

以上挙げた「親しい」「飽足らない」「惜しい」「果無い」というような感情は、愛する対象を現前に置いて、その内包的、外延的、危機的、存在論的性格を端的に感ずる現在的感情であるが、そのほかに、過去を回顧しながら対象を愛する特殊の感情もある。「懐《なつか》しい」というのはそういう過去的感情である。この感情は想起または再認識の事実を、少なくとも仮定を、主要契機としている。

掛貝芳男

ひなげしの咲く日となりてその上のそよ風ほどになつかしきひと

大塚虎雄

わかき日の木登りの木はいまだあり母に会ふごとなつかしきかな

愛から派生した未来的感情もある。「恋しい」という感情は未来性を帯びている。「親しさ」が対象の現在性によって規定され、「懐しさ」が対象の過去性によって契機されているに反して、「恋しさ」は対象の欠如を未来において補充しようとする志向をもっている。「恋う」は「乞う」に通じて、未来に求めるところがある。

大久保日吐男

山行けば若葉の匂ひただよへりこの山道に人のこひしさ

川上一郎

何となく人の恋《こ》ほしくざわめける宵の巷《ちまた》をわがさまよへる

大村つる子

恋心切《せつ》なくなりて今の今逢《あ》ひ度《た》しと君に文《ふみ》書きにけり

プラトンのエロスが想起《アナムネシス》によって成立しているのは、「懐しさ」によって媒介された「恋しさ」にほかならない。エロスの本領は単なる過去の追憶としての憧憬《しょうけい》ではない。未来において実現を要請する理念への憧憬として初めて真の意味をもっている。プラトンは「恋しさ」の心理的未来性の事実の説明に形而上的過去性の仮定を導入したのである。「恋しさ」が単に過去への憧憬である場合は、かえって、恋の先駆性が後方へ反射した映像に過ぎない。

「恋しさ」が、対象の欠如を基礎として成立している事実は、情緒の系図にあって大きい意味をもっている。それは「恋しい」という感情の裏面には常に「寂しい」という感情が控えていることである。「恋しい」とは、一つの片割れが他の片割れを求めて全きものになろうとする感情であり、「寂しい」とは、片割れが片割れとして自覚する感情である。

山里の冬はさびしも卵買ひ一人来しままくる人もなし　　大森弘

古の聖賢《ひじり》の書《ふみ》にむかひても君をし見ねばさびしかりけり　　大西祝

寂しければ渚《なぎさ》に立ちて朝を見るこの青海は君につづけり　　神谷昌枝

客観的感情としての「恋しさ」の裏面に「寂しさ」という主観的感情があることは注意すべき事柄である。なお「寂しい」という感情に類似したものに「侘《わ》びしい」という主観的感情がある。「寂しさ」に「悲しさ」が加わったものが「侘びしさ」であると、大体において、考えてよいであろう。

生きわぶるかなしみにひたとむかふ時哭《な》きてすがらむ母をしぞおもふ　川島芙美子

道の辺の乞食《こじき》に銭《ぜに》を投げて過ぎなほわびしさを持ちつつあゆめり　大川すみ江

人の世に侘《わ》びて住《すま》へばいにしへも情に生きて嘆きあひにし　蛯原浜寿

日本の精神生活が「寂び」や「侘び」を尊重するのは、「寂しさ」や「侘びしさ」の欠如性そのものを楽しむまでに訓練されているためである。墨色《すみいろ》の方が色彩よりも豊富だというような逆説も、「寂しさ」が「楽しい」という悖理《はいり》と同じ心の構えである。

さびしさをたのしとおもふ野鳥らのあそびかくるる野のなかにわれは
片山広子

この山に近づく冬のさびしさを臨済《りんざい》の僧楽しむ如《ごと》し
川田順

以上で、「愛」の側における現在的感情と過去的感情と未来的感情とを述べたから、次に、「憎」の側でそれらに照応する感情を述べよう。「厭」は現前にある対象について内包的に感ずる現在的感情である。

人厭《いと》ふ心いだきて籠《こ》もりをりいつか秋来《さ》り空寂《さ》びにけり
川崎杜外

庭前《にわさき》は日の照《てり》あつし脂《あぶら》浮く汚き顔をいとひてこもる　神原克重

「愛」の側の「飽足らない」に照応して、「憎」の側には「飽」という外延的感情がある。

つれづれに折鶴いくつつくることぞ呑《の》み飽きたりし粉薬の紙に　川端千枝

議会傍聴あきて出《い》で来し百姓のわれは疲《つか》れて浅草に来つ　河合一路

「愛」の側では、消滅に対する「惜しい」という危機的感情があったが、「憎」の側には、存続に対する「煩《わずら》わしい」という世紀末的感情がある。

古《ふ》り妻はいよいよ古りて言ふことのあな煩《わずら》はし朝《あした》夕べに　川崎杜外

次に、過去的感情としては「愛」の側の「懐しさ」に照応して、「憎」の側《がわ》には「悔」がある。

「悔」も過去の想起を主要契機としているが、特に自己の過失または罪悪に関する想起である。

忙《せわ》しさにしみじみ抱《だ》きし日も稀《まれ》ら吾児《あこ》を死なせて後《のち》悔いにけり　金子不泣

うら若き人の心の一途《いちず》さにほだされもせば悔《くい》を重ねむ　川端千枝

「愛」の側の「恋しさ」に照応する「憎」の側の未来的感情は「恐」である。

「恐」とは、事物および事象の未来における生起に対する憎みの情緒である。

貧しさに妻子の心いぢぎたなくなりはせぬかとひそかに恐る　大沢勇

たなぞこに数へおづおづと出す人の銭《ぜに》は薬価の半ばに足らず　大塚英都代

癒《い》えがたきつひの病《やまい》かこころおそれ医師にしたがひ戸かげにたてり　川端八洲人

以上は時間的に着色された愛憎の様相を挙げたのである。

四

次に、愛憎の様相にあって、時間的規定を離れて、㈠対象そのものの一般的存在性格に規定されているもの、㈡対象の特殊的作用に規定されているもの、㈢対象の所有性格に規定されているものの三つについて述べよう。

第一に、対象そのものの性質に規定された愛情の様相を挙げれば、まず愛の側では、愛する対象の存在性格が自己と比較して大きいか小さいかによって、愛が様相を異にしてくる。愛する対象が自己よりも小さい場合には「労《いたわ》り」の感情が起る。

瀬戸鍋《せとなべ》を安く買ひ来て喜べり貧しき妻はいたはりやらむ　川端春歩

をみな子はただいたはられ生きよといふ母の言葉をききわけてをり　太田稔子

「労り」という客観的感情の裏面には「優しさ」という主観的感情がある。

冴《さ》えわたる月の下びにいとせめて妻にやさしく物を言はばや　大橋松平

張《は》り裂《さ》くる胸いつぱいの涙なりやさしき言《こと》はのたまふなゆめ　神谷昌枝

「優しさ」は「労り」の主観的側面であるが、労られるものもまた「優しさ」を主観性としてもっているのが普通である。「優しさ」を主観性としてもっていないものは、他の「優しい」主観によって、労られる値打《ねうち》のないものである。労られる値打のないものを労ることは、単純な人間性を越えた事柄である。「労り」は後に取扱う「憐《あわれ》み」とつまりは同じものである。なぜならば、愛する対象の存在性格が小さいということは、愛する対象の所有物が憎むべきものであることと結局は同じである。愛の特殊相としてのいわゆるアガペの系譜的位置も主としてここにあると思う。アガペは人みなを労る愛憐の形を取る場合が多い。

落合直文

順礼の子を呼びとめてものめぐむ人もありけり秋の夕ぐれ

神沢　弘

逢《あ》ひぬれば母と呼ぶべき父の妻なさけ籠《こも》りしことを宣《の》らしぬ

愛する対象の存在性が自己よりも著しく大きい場合には「畏《おそ》れ」の感情が起る。

上坂信勝

畏《かしこ》さに泪《なみだ》たまりてあふぎたり我大君《わがおおきみ》は挙手《きょしゅ》をたまへり

八十四歳秋のみ筆と書き添へて父がみ文《ふみ》を手筥《てばこ》にしまへり　　川島園子

その場合に、愛情が濃《こまや》かであると「甘え」の感情が起りがちである。

赤子《あかご》抱く我に甘えて泣き寄る子兄とはいへど汝《なれ》も幼なし　　冠木富美

甘味を味わうのは、甘える方と甘えられる方と双方ともである。この「甘え」の甘味は愛の味として、「憎」の苦味に対しているもののようである。いわゆる情感の神秘主義の甘い惑溺は情緒のおのずからな行き方だともいえる。

こんどは憎の側へ移れば、憎む対象の存在性格が自己よりも小さい場合には「蔑《さげす》み」の感情が起って、しばしば冷笑を伴う。

奥村奥右衛門

みづからを狙《ねら》へる銃《つつ》に目をやりて冷たく笑《え》みし時か撃《う》たれし

奥田和男

板仕上ぐる鉋削《かんなけず》りも粗《あら》きままやめねばならぬ手間《てま》安き仕事

憎む対象の存在性が自己よりも著しく大きい場合には「諦《あきら》め」の感情が起る。

大野虎治

諦めよあきらめよと母がいふこゑを血を喀《は》きながら我はうべなふ

沖本重虎

人と生れし寂しさにさへ堪《た》へてありその余《よ》のことは忍ばざらめや

愛憎の対象が非常に大きい存在性格をもっている場合に、「畏れ」と「諦め」とが融合して帰依《きえ》忍従の混合感情を生ずることは宗教的情操において見られることである。

第二に、対象の特殊的作用に規定された愛憎の様相を挙げれば、愛すべきものが与えられた場合に愛を以て反応するのが「恩」すなわち感謝の情である。

いたはりつつ且《か》つ励ましし恩愛に思ひ到《いた》れば荒き涙あり　太田青丘

塀の外をかけゆく吾の幼児《おさなご》に気をつけくるるどなたの声か　大橋茂代

それに反して、憎むべきものが与えられた場合に憎みをもって反応するのが「怒」である。

この四五日人に関《かか》はる怒《いかり》ありて感冒《かぜ》荒《あれ》の咽喉《のど》にまづき飯《めし》食ふ　金子信三郎

腹立ちて早寝せし我が枕辺《まくらべ》に妻は着物を縫《ぬ》ひ初めたり

川端春歩

怒が抑鬱的《よくうつてき》・持続的になったのが「怨」である。怒は通例興奮的・突発的であるから、愛の側の恩に対応する憎の側の情緒は、怒ではなく、怨である。

母は誰もうらまず責めず目を瞑《と》ぢぬわが十一の秋寒き夜に

金子薫園

おもひつくし恨《うら》みつくして長き夜のあかつきくらく出でてゐし月

太田水穂

怒が正義感に根ざして道徳的様相を取ったものが「憤」である。

江村定憲

この国のジャーナリストの無気力を憤《いきどお》りつつしかもうべなふ

いつはり多き社会《よ》と思ひつつありなれて憤ることもなくて過ぎ来し

川辺森兵

第三に、対象の所有性格に規定された愛憎の様相を挙げよう。自己の所有物が、愛すべきものであれば、「誇」の感情が起る。

乗馬服手綱《たづな》さばきをほめられつつ見し日に似たる今日の空かな

川口梢

一天の君おはしますみあらかにまうのぼり来つわが父よ母よ

奥村奥右衛門

「誇」が持続し変質すると「高慢」の感情になる。

見覚えの無きつらなれど景気よくわれも帽子に手をかけしかな
江波戸白花

自己の所有物が、憎むべきものであれば、「恥」の感情が起る。

はづかしきほどには饑《う》ゑず貧しとふ言葉はいまだ遥《はる》けかるらし
大橋松平

つき詰《つ》めて生きんと願ふ此《こ》の村の娘等《ら》は髪のおどろを恥ぢず
唐木田李村

「恥」が持続し変質すると「卑屈」の感情になる。

人の前に肩を落して坐《すわ》る癖《くせ》は店を閉ざしし頃よりの事か
河内英壮

次に、他者の所有物が、愛すべきものであれば、「羨」の感情が起る。

恩給に安けく暮らす友は我が植うる代田《しろた》を見て通りたり　　金岡正男

おもふまま為《し》たいざんまい為《し》つくして死にゆきし父はうらやむべかり　　金沢種美

他者の所有する愛すべきものを、自己が代って所有しようとする競争心が加わると、「羨」が「妬《ねた》み」となる。羨《うらや》みにあっては、他者はむしろ愛の対象であるが、妬みにあっては、明白に憎の対象である。次の二首には嫉妬《しっと》が隠れていないとも限らない。

特価品あらけなく選《え》る女人《おみな》らに混《まじ》りてはをれ心おくれつ　　香美雅子

格子《こうし》越しに見ゆる今宵《こよい》の月淡《あわ》し夫《つま》は帰らじと思ふわびしさ
川津てる子

特価品を選り取りする「女人ら」に対してひそかに競争心を起して、彼らを憎んでいるならば、また夫の帰宅しないのが、夫の領有に競争者のあるためだとして、その競争者を憎んでいるならば、そこには嫉妬がある。

他者の所有物が、憎むべきものであれば、他者が憎の対象である場合には、「いい気味」という感情が起る。

高文《こうぶん》試験に落ちたる友を慰めゐる我の心はたのしみてはゐぬか
大下三雄

しかしながら、他者の所有物が、憎むべきものである時には、他者は憎の対象であるよりはむしろ愛の対象であることが多い。その時に起るのは「憐み」の感情である。

潰《く》えそめしレプラ患者の顔みつつ憐憫《れんびん》のこころしばしおこらず　大屋一三

相離《あいはな》れをればかたみに憐みて生きゆくことをとぶらひ合へり　川崎杜外

「憐み」は必然的に「労《いたわ》り」である。そうして一方には、万物が他者として自己に対することと、他方には、万物が有限性の極印《ごくいん》を捺《お》されていることとに基づいて、憐憫の情は万物へ向って注がれるのである。

田疲《たづか》れの馬の寝息をあはれみつおそき夕餉《ゆうげ》の箸《はし》とりにけり　片岸芳久美

翁草《おきなぐさ》の花をあはれみたもとほる草生の径《みち》は砂浜に尽《つ》く　大黒富治

またそれと同時に万物が自己と一つに融《と》け合ってくる。万物は、有限な他者であって、かつまた有限な自己である。それがいわゆる「もののあはれ」である。「もののあはれ」とは、万物の有限性からおのずから湧いてくる自己内奥の哀調にほかならない。客観的感情の「憐み」と、主観的感情の「哀れ」とは、互《たがい》に相制約している。「あはれ」の「あ」も「はれ」も共に感動詞であるが、自己が他者の有限性に向って、また他者を通して自己自身の有限性に向って、「あ」と呼びかけ、「はれ」と呼びかけるのである。なお、さきに中枢的な「悲しみ」に対して、末梢的な「苦しみ」があることをいったが、「哀れ」もまた「悲しみ」に対して一種の末梢的な地位を占めているといえる。「哀れ」は「もののあはれ」としてあくまでも即物性をもっている。

馬を売る話まとまり囲炉裏辺《いろりべ》に手打《てうち》の音はあはれなりけり　　加藤明治

海老沢欽三

鐘鳴りて施餓鬼船《せがきぶね》行くあはれさを川辺に立ちて吾は見て居り

河村千秋

政党時代の時の人あはれ生死《いきしに》もいまは知られずなりにけるかも

五

純主観的情緒である「嬉《うれ》しさ」「喜び」「楽しさ」「悲しさ」「歎《なげ》き」「苦しみ」等が快感か不快感かのいずれかであることは既に言ったが、客観的情緒の根柢《こんてい》にも快、不快の感情が存していて、指導的意味をもっている。愛とその諸様相、例えば「親しさ」「懐しさ」「恋しさ」「恩」「誇」等は快感に属する。その反対に、憎とその諸様相、例えば「厭」「悔」「恐」「怒」「恥」等は不快感に属する。もっとも、「怒」には快感も伴うものとされている。「蔑《さげす》み」は憎の対象に対して起る感情であるが、矮小《わいしょう》な対象を見下《みくだ》す自己の大きさの自覚を伴うがために、むしろ快感である。いわゆる浪漫的《ロマンてき》イロニーは万象の矮小性《わいしょうせい》・虚無性に対する天才的優越感に基づくものであるから、情緒の系図では、「蔑《さげす》み」に根を下《おろ》しながら、後に出る「可笑《おか》しい」と「美しい」の情感の薫《かお》りに花を開いた芸術的快感であるといってよい。「諦《あきら》め」も同様に憎の対象に対して起るものであるが、対象の巨大性の中に小さい自己を没することによって、快感を獲得するものである。その反対に、愛する対象の巨大性に対して起る「畏《おそ》れ」は、自己の矮小性の自覚を伴う限り、純粋な快感ではない。「いい気味」は憎の対象である他者が、憎むべきものを所有している場合に起る感情として、否定の否定によって、快感に属する。他者が、愛すべきものを所有している場合に起る「羨」は、むしろ不快感である。「憐み」は愛の対象である他者が、憎むべきものを所有している場合に起る感情であるが、それは愛する対象の存在性格が小さいことにほかならない限り、自己の優越感も交って、快、不快の混合感情である。「哀れ」が単純な「悲しみ」の様相でないわけも、「憐み」と相制約する情緒として、憐れむ者の快感と憐れまれる者の快感とを部分感情としてもっているからである。

要するに、今まで挙げた感情は、主観的感情も客観的感情も、すべて快、不快の感情によって指導されていた。それに反して、ここに緊張、弛緩《しかん》の感情によって指導されている一群の情緒がある。今まで挙げた情緒の中にももちろん緊張、弛緩の感情が種々の形で混入していた。殊に、未来的感情としての「恋しさ」と「恐」とには緊張感が多分に入っていた。それにもかかわらず、快、不快の感情が指導的意味をもっていたと考え得る。これから挙げる感情の群にも、快、不快の感情は依然として色彩を鮮やかにしているが、しかも指導的意味は緊張、弛緩の感情へ移ってしまっているといえるのである。この一群は勝義における未来的感情である。三つに分けて述べよう。

まず第一に、「欲」の情緒または欲に伴う情緒がある。欲の対象は常に未来の圏《けん》内《ない》に在《あ》るから、欲の情緒は緊張を本質とする。古来、五情として喜、楽、欲、怒、哀を挙げる場合にも、七情として喜、怒、哀、楽、愛、悪、欲を挙げる場合にも、欲が主要な情の一つとして数えられている。

銭欲《ぜにほ》しとおもふこころを叱《しか》りつつむかへばしろき岩木嶺《いわきね》の雪　加藤東籬

大野虎治

おほかたのものは消化をせずなりし腹に生きよき魚を食ひたし

花買ひてかへる心となりにけりこの静けさや幾日欲《いくかほ》りせし

金子薫園

欲が可能的対象へ緊張するのは、現実における対象の欠如に基づいている。欠如に対する主観的感情が「寂しさ」である。人間が個体として存在する限り、存在継続の「欲」と、個体性の「寂しさ」とを、根源的情緒としてもつことはおのずから明らかである。「欲」と「寂しさ」の在《あ》るところに個体が在るといってもよい。そうして「寂しさ」は一方に自己否定において「哀れ」と「憐み」(アガペ)へ放散するとともに、他方に自己肯定において「恋しさ」(エロス)の裏づけに集中する。博愛的放散と恋愛的集中とを同時に呼吸するところに「寂しさ」の生命がある。欲はどう展開するか。欲が達せられた場合には、緊張が弛緩して、「満足」の情が生ずる。満足は弛《ゆる》んだ快感である。

ふたりゐて足《た》らふ心に黙《もだ》しをり風わたり来て松葉をふらす　奥貫信盈

十日余《あま》りを遊び足《た》らひて父母《ちちはは》は雪降る郷《さと》にまたかへります　大石逸策

欲が達せられない場合には、「不満」の情が生ずる。「不満」は満足ほどの弛緩性をもっていない。半《なか》ば弛み半ば張った不快感である。

足ることなく過ぎし一生《ひとよ》を言ひ出づる母の願ひは我にかかれり　加藤淘綾

むさぼりてよむ汝《な》が文の短きをもの足らず思ひくりかへしよむ　大野一雄

満足は「嬉しさ」と「楽しさ」とに分肢《ぶんし》し、不満は「悲しみ」と「苦しみ」とに分肢する。

第二に、「疑」と「惑」の情緒がある。いったい、「欲」にあっては、対象が一定していて、その一定した対象への関係が緊張感となるのであるが、対象が一定しないで、対象と対象との間を振子《ふりこ》のように来往するところに、一種の緊張感を生ずるのが、「疑」と「惑」とである。言い換えれば、志向の対象が未来の地平に動揺することによって生ずる緊張の情緒である。そうして、未来に残されている決定の根拠が、客観の側にあると考えられた場合が「疑」の情緒である。

金森　宏
手にをへぬ児《こ》をさとしつつ教育のちからうたがひて思ひ疲《つか》るる

大屋一三
猜疑《うたがい》の心ゆらぎもなごみてはさらに寂しくおもひしづめり

未来に残されている決定の根拠が、主観の意志に依存すると見られた場合が

「惑」の情緒である。

遠く見て在《あ》り経《へ》しものの身に近くあるに驚き心惑《まど》へり

川崎杜外

第三に、「欲」の対象への到達に関して「疑」がある場合には「希望」と「心配」とを生ずる。「希望」とは、愛すべき対象を未来の時間的地平にもち、かつその到達に或る度の可能性がある場合に起る情緒である。希望は張りきった快感である。

幸福のわれにめぐりてくるごとく咲きはじめたる日まはりの花

海達貴文

日《け》ならべて熱出《い》でぬ身のさわやけしもの多く食ひて我は肥《ふと》らむ

加藤淘綾

それに反して、憎むべき対象を未来の時間的地平にもち、かつその到来に或る度の可能性がある場合には、「心配」の情緒が起る。心配は張りきった不快感である。

くすし達《たち》寄りてひそひそ話しをり我父にかかはることならむか　河内英壮

亡《な》き人が永く閲《ひら》きて手ずれたる言泉《げんせん》はいかになりゆくらむか　加藤意沙弥

希望の中には心配が含まれ、心配の中には希望が含まれている。希望に対する蓋《がい》然性《ぜんせい》が極めて大きい場合には、「頼もしい」という感情が起る。緊張した快感である。

あかときと白《しら》みそめたるひむがしにほのかに焼くる雲はたのもし　大塚泰治

蓋然性が確実性に達した場合には、「確か」という感情が起る。これは希望通りの結果になった場合であって、弛緩した快感である。

落葉松《からまつ》の林なかばの下《くだ》り坂《ざか》予感まさしく湖が見ゆ　　川端千枝

反対に、蓋然性が小さい場合には、「覚束無《おぼつかな》い」という感情が起る。この感情では、緊張は弛緩に傾いている。不快感である。

忘れよと書き給ふにはあらねどもおぼつかなしや此《この》ごろの文　　掛貝芳男

蓋然性が次第に減少して零《れい》になれば、「絶望」という感情が起る。弛緩した不快感である。この「絶望」という感は、希望の側《がわ》から減少の極限として、感じられたものであるが、心配の側から見れば、心配通りの結果になった場合である。

ながらへむ望み空《むな》しき子と知りついよいよ愛《かな》しくなりゆくものか

川崎生止松

なお、希望が反対の結果に突然なった場合には、「失望」という特殊の情緒が起る。失望は弛緩した不快感である。

暖くならば癒《い》えむとたのしみしを桜の花も散るといふなり

川端千枝

また、心配が反対の結果を見た場合には「安心」という情緒が起る。安心は弛緩した快感である。

指きりてちかへば安く居る児《こ》なりそのをさなさよおかしがたしも
川端千枝

「希望―心配」関聯《かんれん》の中の客観的「疑」の契機に主観的「惑」も加わった一種の全体的緊張感が「不安」の情緒である。

日に幾度通ふ厠《かわや》に新聞の相場の記事を我は読みつぐ
大野虎治

一か他かの決定を孕《はら》んでいる危機の情緒が、すなわち「不安」である。不安は不快だとは限らない。緊張感の具体的全体として、不安は人間欲の緊張性そのものによって本質的に制約された気分、未来の可能性を本質として孕むものの懐妊の情緒である。第一次欧洲大戦後のいわゆる「不安の哲学」は、この情緒に根ざしている。

六

興奮、沈静の感情が指導的意味をもっている情緒もある。もちろん「怒」や「恐」や「失望」などにあっても、興奮が強度に達し得るが、「怒」と「恐」にあっては快不快の感情が、「失望」にあっては緊張弛緩の感情が優勢に支配していた。それに反して、興奮、沈静が指導的意味をもっているのは「驚」の情緒である。

居ながらに眠れる人の時をりに驚く顔を見てゐたりけり　鎌田敬止

移さむといだき上げたるうたたねの吾子《あこ》の重きに驚きにけり　江原青鳥

指折りて驚かさるる年月の春はふたたび目の前にあり

奥田富雄

「驚」は快不快のいずれにも属しないいわゆる中性的無記感情である。不苦不楽受である。快も不快も倶《とも》に非《あら》ざるこの倶非の受を、デカルトが一切の情緒の中の第一のものと見たのは、或る意味で正しい認識であると言わなければならない。アリストテレスも「驚」を哲学の出発点と考えた。驚は偶然性に伴う存在論的感情である（拙著『偶然性の問題』中「偶然性と驚異の情緒」の章、および『人間と実存』中「驚きの情と偶然性」の章参照）。決定論の立場から、一切の偶然を斥《しりぞ》けたスピノザが、驚を情緒として認めなかったのは興味ある事実である。偶然ということには三つの性質がある。第一に何か有ることも無いこともできるようなものが偶然である。第二に何かと何かとが遇《あ》うことが偶然である。第三に何か稀《ま》れにしかないことが偶然である。したがって驚の情もこの三つの方向を示している。

川口　梢

事あればありて驚き事なくば事なきままに疲《つか》るる心

有ることも無いこともできるところの偶然が有った場合に驚くのである。

大木雄二

おどろきは宿直室の戸をあけてかくもよせたるいちめんの霧

戸をあけたときに、眼と霧とが遇ったその偶然に驚いたのである。

大屋重栄

物をもちて人をへだつる習性を時に吾が上に見出《みい》でておどろく

常に見るのではなく、時に、稀れに、見出したその偶然性のために驚くのである。

古語で眠りから覚めるのを驚くというのも、何かの偶然がたまたま潜在意識を驚かせて目覚めの機縁となるからであろう。

偶然の第三の性質である稀有《けう》ということは「珍《めず》らしい」という一種の独立した情緒に展開する場合もある。

大塚泰治

青田の中をバス行く道は平凡にてめづらしきごとし理髪店あるは

鹿児島寿蔵

もみぢあせし荒山の上にあすならうの青きひともと仰ぎともしむ

「珍らしい」という情緒は既に無記性から快感へ移りかけている。「ともし」という言葉が、「乏《とぼ》し」「珍らし」の意味から「愛らし」の意味へ移って行っているのは、そのためである。

「珍らしい」ことが、同時に小さいことであって、そうして突然に場面に出現すると「可笑《おか》しい」という一種の驚《おどろき》の感情を起す。

小走りにわが前をゆく犬の乳房《ちぶさ》赤くはりきりてゆさゆさ動く　　鎌田吉三郎

可笑しい時に笑うのは何故《なぜ》か。赤くはりきった乳房などは、通例隠されているものであり、また隠しておくべきものである。この「べし」という目的理念に背馳《はいち》して、ゆさゆさ動いてまで見えるのは、目的理念の実現に失敗したことである。他者の失策に関する「いい気味」は、自己の「喜び」として笑いを誘うのである。少なくとも発生的にはそうである。ただし、現に与えられたものが、その目的理念と矛盾していることを把握するのは高等な知性の働きであるから、「可笑しい」という感情は、著しく知的、論理的な感情である。

「可笑しい」と感ずるのは、すべて小さいことであり、したがって我々は軽い気持で喜んで、笑うのであるが、その反対に、大きいものに関する驚きは「厳《おごそ》か」という感情をひき起す。

はろはろと天に向ひておもふことはてしもあらず銀河のながれ
上林ふみ子

大きい「厳か」なものは、外界においてのみならず、内界においてもある。

物学び多くを知らぬわが母のやまとをごころ尊くありけり
影山正治

カントは驚歎《きょうたん》と崇敬《すうけい》をもって自分の心を充《み》たすものは、上では星の空、内では道徳法であるといった。「厳か」という感情は、道徳的な色彩に富んだ感情である。なお、「可笑しい」ことがほとんど常に快感であるに反して、「厳か」なことは、「畏《おそ》れ」と同様に、快不快の混合感である場合が多い。

小さいものに関する驚きが「可笑しさ」であり、大きいものに関する驚きが「厳か」であるに対して、雑多の統一に対する驚きは「美しい」という感情である。

屋根のそり両翼ののび此堂のととのへる美のもてる静寂

河合千代子

「美しい」という感情が、芸術的感情であるのは言うまでもない。驚きの対象に関して、存在の理由が知性の透徹を欠くとき、そこに「疑」が混入して「怪しい」という感情が起る。

元結《もとゆい》の切れて暗める朝鏡まがまがしさは思ふべからず

川添ゆき子

この「怪しい」という驚きの感情は、宗教の成立に不可欠のものであり、宗教学者のいわゆるマナへの通路をなしている。

「驚」の情緒が、知的情操、道徳的情操、美的情操、宗教的情操へ発展すべき系譜的意義を暗示し得たと思う。

ともかくも、興奮沈静情緒としての驚は本来、偶然性の情緒であるといってよい。それに対して、緊張弛緩情緒のすべては未来の可能性に関するものであるから、可能性の情緒であるといってよい。また、それらの二つに対して、感情の一延長説をも基礎づける快不快情緒を必然性の情緒と呼ぶことも許されるであろう(拙著『人間と実存』二二二頁―二二八頁参照)。

七

情緒の系図をたどってみた。数ある情緒の中で最もしばしば見られるのは、第一に生存または存在そのものに関する「驚」と「欲」、第二に特に自己保存に関する「恐」と「怒」、第三に種族保存に関する「恋」とその裏面の「寂」、第四に生存の充実不充実の指標として主観的感情の「嬉」「悲」、客観的感情の「愛」「憎」等であろう。自己保存は独在的自我性において機能するから、他者に対する憎に主力を注いで、「恐」の防衛的消極性と「怒」の攻撃的積極性の形を取るのである。種族保存は相互塡補《てんぽ》的《てき》間主体性において作用するから、欠如自覚としての「寂」を基礎にもつとともに、塡補要請としての「恋」を他者に対する愛の地平に強調するのである。

私が材料に取った『新万葉集』巻二の二千八百七十首の中で、これら十種の情緒が言葉の形で有体的に歌の中に出ているものの数を挙げれば、「驚」が二十首、「欲」が三首、「恐」が九首、「怒」が十三首、「恋」が十二首、「寂」が百五首、「嬉」が十六首、「悲」が四十八首、「愛」が十四首、「憎」が五首であった。「寂」が絶対多数であることは、個的存在の個体性の情感的自己反省としてうなずかれる。なお、「喜」の二十首と「楽」の三十三首とを「嬉」の十六首に加えれば、合計六十九首となり、「歎」の二十四首と「苦」の八首とを「悲」の四十八首に加えれば、合計八十首となる。さらに「哀」の三十八首をも後者の中に加えると百十八首となる。主観的感情において、「悲」およびその様相の方が、「嬉」およびその様相よりも優勢であることは首肯《しゅこう》される。客観的感情において、「愛」と「憎」との割合もまず当然と考えてよい。「驚」と「恐」と「怒」の数についても別に言うことはない。「恋」が比較的少数であることに関しては、「寂」の擬装のもとに「恋」が覆われている事実を見逃してはならないと思う。「欲」が最も少ないのは、主として次に述べる事情によるものであろう。

いったい、今挙げた数字は種々の制限をもっている。第一に、歌に盛られた情緒が、その情緒を表わす言葉として歌の中に出ているとは限らないから、今の数字は、一定の情緒を歌っている歌の数と同じではない。例えば、「恋」という言葉が歌の中に出ているのは、十二首に過ぎないが、恋歌は数十首ある。第二に、一定の情緒が感じられることと、その情緒が歌に詠《よ》まれることとの間にもかなり違った比例が成り立つことはいうまでもない。「寂」「悲」等は歌として表現される場合が多いが、「欲」「憎」等は歌の作因となる場合が甚だ少ない。「欲」が最少数であり、「憎」がそれに次ぐのもそのためであろう。第三に、この集に採択を決定した選者の嗜好《しこう》ないし意向が反映されて、或る種の情緒を盛った歌が、意識的または無意識的に排斥される傾向があったというようなことも考え得る。二千八百七十首の中で恋歌がわずか数十首しかないという事実は、主としてその点に帰因すると思う(『文芸論』一二一頁参照)。数字はこれら種々の制限のもとに、研究材料としての価値をもつだけである。

ついでに、主要な情緒として「驚」「欲」「恐」「怒」「恋」「寂」「嬉」「悲」「愛」「憎」の十種の例を古《いにし》えの『万葉集』から引用しておこう。

夢《ゆめ》の逢《あ》ひはくるしかりけり驚きてかき探れども手にも触れねば
大《おお》伴《ともの》家《やか》持《もち》

いにしへの七《なな》の賢《さか》しき人どもも欲《ほ》りせしものは酒にし有るらし
大《おお》伴《ともの》旅《たび》人《と》

春日野《かすがの》の山辺の道を恐《おそり》なく通ひし君が見えぬ頃かも
石《いし》川《かわの》郎《いらつ》女《め》

慨《うれた》きや醜《しこ》ほととぎす今こそは声の嗄《か》るがに来鳴きとよまめ
読《よみ》人《ひと》不《し》知《らず》

高くらの三笠の山に鳴く鳥の止《や》めば継《つ》がるる恋もするかも
山《やま》部《べの》赤《あか》人《ひと》

さざなみの志《し》我《が》津《つ》の子らが罷道《まかりじ》の川瀬の道を見れば寂しも
柿《かきの》本《もとの》人《ひと》麿《まろ》

吾背子《わがせこ》と二人見ませばいくばくかこのふる雪の嬉しからまし
藤《ふじ》原《わらの》皇《き》后《さき》

売比《めひ》の野《の》の薄《すすき》押しなべ降る雪に宿借《か》る今日し悲しく思ほゆ

高《たけ》市《ちの》黒《くろ》人《ひと》

愛《は》しきよし斯《か》くのみからに慕《した》ひ来《こ》し妹《いも》が心の術《すべ》もすべなさ

山《やまの》上《うえの》憶《おく》良《ら》

われこそは憎くもあらめわが宿の花橘《はなたちばな》を見には来《こ》じとや

読《よみ》人《ひと》不《しら》知《ず》

八

以上述べてきた情緒の系図を左のように図示することができる。

左の図は、なるべく簡明であるために、あまりに派生的な情緒は省略した。そうして、主要な十種の情緒は大きい円であらわしておいた。「欲」と「寂」とを包む点線の円は、個的存在としての人間の中核を示している。そのすぐ上と、すぐ下には、緊張弛緩の感情が位置を占めている。更に上部には、興奮沈静の感情である「驚」の周囲に、いわゆる情操または高等感情の構成要素が一群をなしている。下部には、「嬉」「悲」「愛」「憎」を四つの中心として、快不快の感情が多様に展開している。「恐」と「怒」とは動物進化上に意義のある本能的情緒と言ってよいであろう。「寂」「哀」「憐」「愛」「恋」をつなぐ線が、特に人間学的重要性をもっていることは、看過《かんか》してはならない。個体性の「寂」と有限性の「哀」とが論理的関係

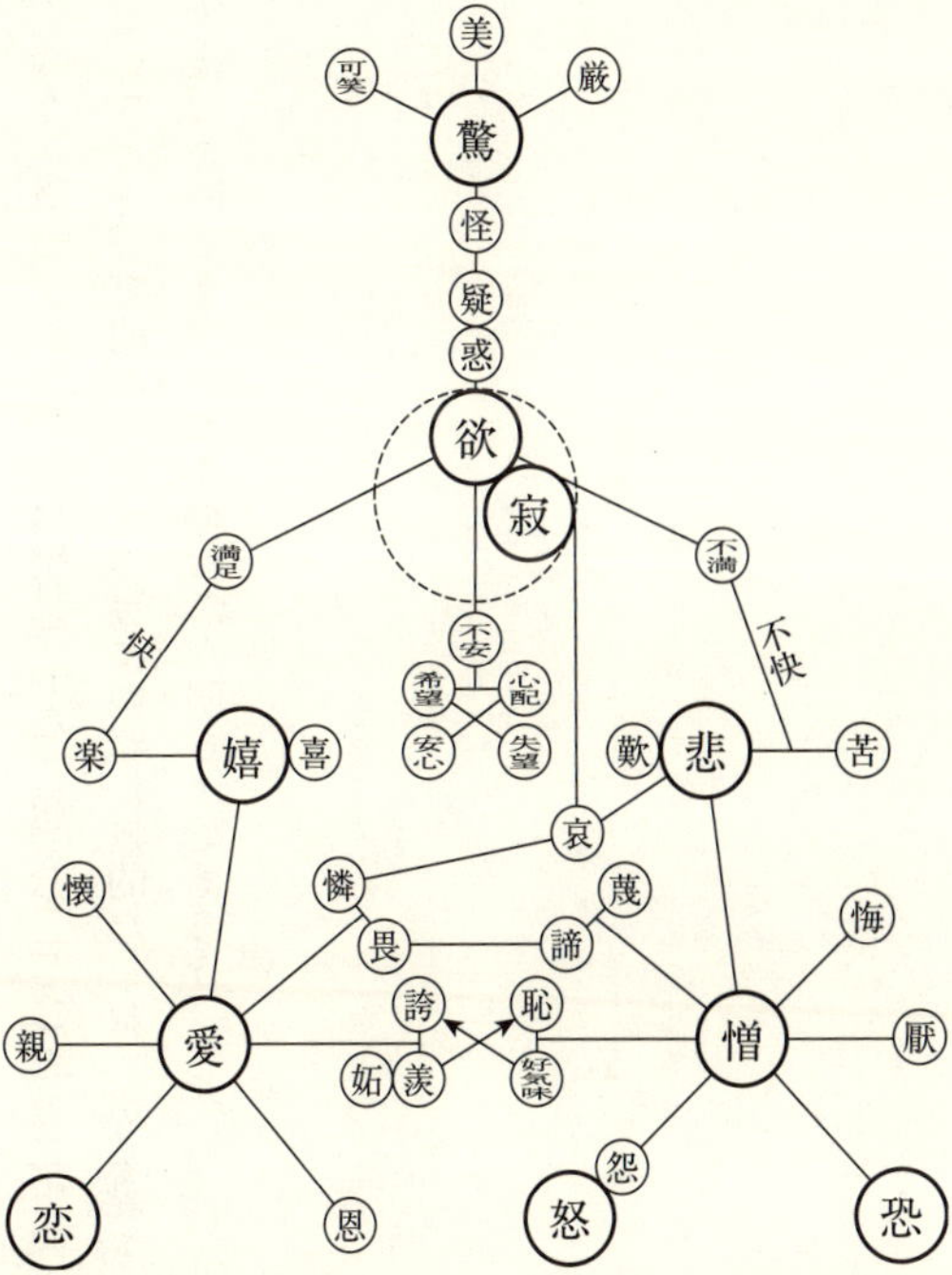
美
可笑
厳
驚
怪
疑
惑
欲
寂
満足
不満
快
不快
不安
希望
心配
安心
失望
楽
嬉
喜
歎
悲
苦
哀
懐
憐
蔑
悔
畏
諦
誇
恥
親
愛
妬
羨
好気味
憎
厭
怨
恋
恩
怒
恐

にあること、主観的な「哀」と客観的な「憐」とが相制約し合うこと、「愛」が自己否定的な「憐」(アガペ)と自己肯定的な「恋」(エロス)との二方向を弁証法的に内含していること、有的な「恋」の裏につねに無的な「寂」が基礎づけをしていること、等はこの図によってもおのずから明らかであろう。

解説

多田道太郎

女のことを「いき」な女、という。着物の柄によっては「いき」な柄、という。この「いき」とは、どういうことなのか。

上方では、粋といい、めったに「いき」とはいわない。粋と書いてスイと読む。粋とは色ごとにかかわり、しかも色ごとに理解ある態度を言う。粋を利かせるという表現に、今もその意味はのこっている。私は関西うまれで関西そだちである。だから、粋ということばはよくきいた。好みについても、粋な柄ということばをきいた。上方で、粋というのは、たとえば赤白のはっきりした、感覚的にあざやかな——という意味である。

そんな意味あいで、粋ということばを聞きなれてきた私であるが、すこし齢を加わえると、関東ふうの「いき」ということばも、私のなかに入ってきた。むかしは江戸の「いき」と上方の粋とは別ものだったようだが、文化の標準化がすすむにつれ、粋は衰え、「いき」が、上方にまで及んできた、と思われる。

しかし、ごく最近になると、「いき」ということばも、死語同然にみなす若者がふえてきたのにはおどろかずにいられない。「いき」というのは、おぼろげに知っていても、それではさて、「いき」の反対は何だというと、「不いきですか」などと答える人がいて、こちらが笑ってしまう。「無粋《ぶすい》」とか「野暮《やぼ》」とかいう反対語が、すっと出てこないのだ。

「いき」「野暮」という一対《いっつい》になった美意識はもう死んでしまったのか。たしかに力はよわくなっている。しかし、まったく死んでしまったわけではない。死にそうだという危機意識が、人びとを駆って『「いき」の構造』という名著におもむかせているというふしがある。

「いき」ということばも美意識も江戸のものである。だから上方の人間にとってはどうでもいいようなものの、そうも言い切れないところがあって、そこがおもしろい。上方でいう「粋」は、中国からの到来もので、やや底が浅い。それが東下りして、江戸の町で深化された。どのように深まったのか。九鬼周造『「いき」の構造』を読めばわかる。ともかく深化された。深まって、江戸文化の、それこそ粋となった。たんに江戸文化のみならず、近世日本文化、ひいては、生活のなかに生きる日本文化の粋そのものとなった。こうして、「いき」ということばと美意識が、いっとき、日本を覆って、粋の本場である上方にまで逆流してきたというわけである。

というわけで、粋と「いき」と、両方の文化を私はうけて育ち、しかし、それでいて、どちらがより日本的かというと、上方の人間であるにもかかわらず、やっぱり「いき」だと思う。「いき」というのは、日本を知るために、また世界を知るために大事な美意識だと思う。

ハイデッガーの『ことばについての対話』(手塚富雄訳)の冒頭には、『「いき」の構造』の著者について、次のように語られている。

んです。

日本のある人　九鬼周造とお知り合いですね。数年間、あなたのもとで研究した

ある問う人　九鬼伯爵（ママ）のことは、いつも思い出しております。

日本のある人　あまり早く逝《な》くなりました。あの人の師である西田博士がその墓碑銘を書きましたが、この弟子への最高の敬意の表示であるその仕事に、一年以上の時をついやしました。

問う人　わたしの大きい喜びですが、わたしは九鬼氏の墓と、その墓をめぐる樹苑を撮影した写真を所持しています。

日本の人　京都にあるその寺の庭をわたしは知っております。わたしの友人たちも、たびたびわたしといっしょにその墓を訪れました。その庭は、十二世紀の終わりに、僧法然によって、当時の帝都だった京都の東寄りの丘の上に、思索と瞑想《めいそう》の場として造営されたのでした。

問う人　それでは、この寺の樹苑は、早世した彼のためにふさわしい場所ですね。

日本の人　なんといっても、日本人が「いき」と呼んでいるものを考え抜いた人にふさわしいものです。

九鬼周造がヨーロッパにいたのは一九二一年(大正十年)から一九二九年(昭和四年)までである。その間、時間の問題について講演したり、フランス語で論文を書いたりした。パリの哲学界では若い俊秀としてみとめられ、とくにハイデッガーには高く評価され、ベルグソンにもみとめられた。無名の実存主義者サルトルのパトロン的役割をはたしたという説もあるが、サルトルが九鬼の家庭教師であったことは少なくともまちがいない。

ヨーロッパの生の哲学、実存主義のなかで育った人であるが、しかし、九鬼周造のあたまのなかでは、時間とか偶然性とかとは別に、ひとつのテーマが熟しつつあった。すなわち、『「いき」の構造』である。それが実って本書となった。

甲南大学の九鬼文庫には『「いき」の構造』の、かなり部厚い草稿が保管されている。これをみると、九鬼周造がこの論文を書きおえたのは一九二六年一二月、すなわち大正十五年、昭和のはじまるときであった。書きはじめはさだかではないが、まずパリ留学中、それも後期から書きはじめられたと推定するのが妥当であろう。

本書がパリで書かれた——ということは、強調しておいてよい。国際的に通用することばで、独自の哲学が語られているということである。それもひとつには、パリで書かれたということがあずかっているであろう。(ヨーロッパの若い知識人のなかでこの本に注目する人がふえている。翻訳をこころみた人も二、三にとどまらない。私の若い友人ジョン・クラーク氏もその一人である。この本には国際性がある。普遍性がある。)それでいて、どことなくヨーロッパ、とくにパリの文化、とりわけパリの女性の好みと対抗しようという気構えもみられる。おもしろいことである。パリでくらす一人の東洋の哲学者が、目前の現実(パリ)を超えて、はるかかなたに、理念化された東洋の文化のひとつの型をあたまにうかべていた。そのさまを私は思いうかべる。

たんなる日本礼讃、ではない。九鬼周造の「日本」には、中国、インドが入っていた。本書にみられる(七六—七七ページ)中国文化に対する低い評価にもかかわらず、日本を東洋文化のひろいコンテクストのなかにおくだけの、視野のひろがりを持っていた。ひろい視野のなかで、九鬼周造は、対立する二つの文化のかたちを見たのである。パリは一つの極であった。もう一つの極に、化政期の江戸が来る。全東洋ではなく、全日本ですらなく、歴史と地理のひろがりのなかでは渺《びょう》たる化政期の江戸の、しかも色里の一美学を、パリに、ヨーロッパに、拮抗《きっこう》するものとして、拮抗しうるものとして、置いたのである。

そこに私は、著者の「意気」のようなものを感じる。「意気」の底には、生きかたそのものが横たわっている。

東洋の強調、ということで岡倉天心を思いだすひとがいるかも知れない。九鬼周造は、若いとき、ひょっとすると自分は岡倉天心の息子ではないか、そうであったらいいが――と思っていたという伝聞がある。これはたしかな話ではない。しかし、九鬼周造の母親、星崎はつ(初子)が岡倉天心と恋愛におちいり、ために周造の父親、九鬼隆一に離別された。これは事実である。

九鬼周造は、一八八八年(明治二十一年)男爵九鬼隆一の四男として、東京の芝に生まれた。九鬼男爵は駐米全権大使にもなった名士で、美術界にも力をふるった人。九鬼の家系は九鬼水軍の末裔《まつえい》だとも言われる名家である。母は「もと京都の花柳界の出身で九鬼男爵がそこから彼女を抜いて男爵夫人の位置を与えた」と、岡倉天心の息子一雄氏は書いている。九鬼男爵が天心に妻を託して日本へ送る。三十日も船旅をともにしているうち、天心とはつとは熱愛という関係になる。この恋の傷で、周造の母は、晩年、暗い気持とたたかわねばならなかった。少なくとも表面は、不幸に終った人生であった。九鬼周造が、パリにいて、また日本に帰って、この母のことで心を悩まさなかったと考えるほうが不自然である。パリの旅宿で『「いき」の構造』の想を練っているとき、辰巳芸者のイメージが目前に生きていたことはまちがいない。そこに、母親への思いが何ほどか映っていなかったとはいえない。

九鬼周造は、のちに京都に住み、京都大学教授として講義し、そして一九四一年(昭和十六年)京都で死んだ。墓もハイデッガーの言うとおり、京都鹿《しし》ヶ《が》谷《たに》の法然院にある。ために、九鬼を京都人のように思いこんでいる人がある。事実は、先にのべたように、東京の人である。一九〇五年(明治三十八年)一高入学、一九〇九年(明治四十二年)東大入学。一高時代の親友にカトリック学者の岩下壮一がおり、友情は終生かわらなかった。九鬼は岩下の妹に恋したが、彼女は何かの事情で修道院に入り、九鬼はためにふかい心の傷をうけたという。さらに、のちに結ばれた女性とも離婚している。最後は、祇園《ぎおん》の芸妓であった中西きくえという女性とともに生涯を終えた。

『「いき」の構造』は一人の女性を論じたものではもちろんない。しかし私は、著者の心の傷の向うに、描かれていた女性の姿のあったことを、疑うことはできない。

著者は東京の人であった。パリにあって東京のことを思った。著者は二十世紀の人であった。二十世紀にあって、よき時代の江戸のことを思った。へだてる距離は大きい。その大きさが、対立、葛藤として九鬼周造の思想をはぐくんだ。

二つのもの、二つの文化、二つの性は永遠に交わることはないだろう。女性もまた、永久に交わることのないものとして、著者の手のとどかないところにあった。江戸が、手のとどかないところにあったように。

九鬼周造は背が高かった。晩年、芸者たちをつれて京都の京極通りを歩くときには、人混みのなかを、首一つ、こちらに見せて歩いてきた。こちらをみとめると、わずかに頭を垂れ、そして何ごともなかったように、自分は自分の道を行くとでも言うかのように、冷徹な感じですれちがい、去ってしまった。九鬼周造を晩年、知ったある学者の思い出ばなしである。

この本はかならずしも読みやすくはない。やっぱり哲学の本だ——と、がっかりする読者もいるだろうし、いや、それだからこそとよろこぶ人もいるだろう。しかし、いかめしい字面の向うに、著者の経験を読んでほしい。経験をまとめて説にまで高めていった著者の力を読みとってほしい。たとえば——

媚態とは、一元的の自己が自己に対して異性を措定《そてい》し、自己と異性との間に可能的関係を構成する二元的態度である。(二三ページ)

「いき」は男女のことである。とくに女の媚態にかかわる。しかし、ふつう思われているように、媚態とは異性にべったり寄りそうことではない。むしろ異性とある種の緊張関係にはいることである。自分とはちがう異性というものをおいて、相寄りながらけっして一本になろうとはしない、その緊張のうちに媚態の真骨頂がみられる。二元的態度とはそういうことである。二元的態度をとりながら、ふたりのあいだにどういう関係が成りたちうるかをさぐる。この緊張が大事なのであって、これがなくなると、著者がすぐあとで述べているように「緊張性を失う場合には媚態はおのずから消滅する」。

くだいて考えれば右のようになろう。「媚態とは……」ではじまる二行の文章には、じつは『「いき」の構造』の基本的発想がふくまれている。二元論なのである。二本の筋が永久に平行し、たがいにまじわることがない。そういう図を思いえがいてもらって結構である。

さて、幾何学的図形としては、平行線ほど二元性を善く表わしているものはない。永遠に動きつつ永遠に交わらざる平行線は、二元性の最も純粋なる視覚的客観化である。模様として縞《しま》が「いき」と看做《みな》されるのは決して偶然ではない。

（七〇—七一ページ）

このあたりに、著者の得意の表情を私は思いうかべる。縦縞の着物の柄をながめているとき、ふと、これが「いき」だと思いいたったのではあるまいか。「縦縞にあっては二線の乖離《かいり》的《てき》対立が明晰《めいせき》に意識され」(七二ページ)るのである。あたかも、男と女、江戸とパリとが永遠に交わらないように。二元的対立ということが感覚的に、九鬼周造の脳裏に灼《や》きついていた。だからこそ、縦縞を見て、そこに「いき」の二元的対立をみとめることができたのであろう。それから歴史をしらべると、宝暦ごろまでは横縞しかなかったのに、文化文政ともなると「縦縞のみが専ら用いられるようになった」(七一—七二ページ)ことがわかる。化政期の文化の核心は「いき」の文化であり、それは着物の柄にも視覚的に表現されている。著者はこう考え進んでいったのであろう。

「いき」を定義して、著者は「垢抜して(諦)、張のある(意気地)、色っぽさ(媚態)」と言う(三二ページ)。媚態だけでは十分ではない。「いき」を構成する他の二つの契機がなければならない。それが「意気地」と「諦め」である。三浦屋の遊女が「慮外ながら揚巻で御座んす。暗がりで見ても助六さんとお前、取違へてよいものか」(二一五ページ)と啖呵《たんか》を切る。そこに見られるのは「異性に対して一種の反抗を示す強味をもった」意識である。反抗であり、意気地である。媚態は「いき」のいわば材料であり、この光沢を増し、角度を鋭くするのは「意気地」である。九鬼周造は「意気地」は武士道の理想主義に基づく、とした。この点だけは、解説者は賛成できない。上方に対する対抗意識、武士に対する意地として、たとえば町奴《まちやっこ》のような階層がでてきて、そこに「意気地」が根をおろしたのではないか。

もうひとつ、著者は「諦め」をあげる。「野暮は揉まれて粋となる」というふうに、浮世の洗練を経て、すっきりと、垢抜けした心持ちとなる。この背後には、仏教の非現実性がある。

色街の「媚態」は、武士の「意気地」と仏教の「諦め」とにみがかれて完成する。完成して「いき」となる。ここで著者は三つの契機をあげている。図式化すれば「性(生)、武士、宗教」である。プラトンの『ポリテイア』に、「市民、戦士、哲学者」の三段階の見られることはよく知られているが、九鬼周造は西洋哲学の三段階説に忠実なひとであった。それゆえに、「意気地」の背後に、武士道を見たのであると私は思う。

二元論、三段階説でつらぬいているところに、九鬼哲学の面目を見る。二元論は、人生的にはけっきょく男と女の二元論である。その女の、個々の思い出、現象に、著者は忠実であった。九鬼周造の分析でおどろくのは、「いき」の現象に忠実であることだ。しかも、民族の意識構造をはっきりつかまえている。現象と意識構造とのあいだを、自由に往き来しえた精神の作業に、私はおどろく。

現象に忠実——といったが、じつは感覚的現象に忠実なのである。「ベルクソンは、薔薇《ばら》の匂《におい》を嗅《か》いで過去を回想する場合に、薔薇の匂が与えられてそれによって過去のことが連想されるのではない。過去の回想を薔薇の匂のうちに嗅ぐのであるといっている」(一八ページ)。

本書に収めた『風流に関する一考察』の数行にも注目したい。「『橘《たちばな》やいつの野《の》中《なか》のほととぎす』では、たまたま橘の香を機縁として過去が深い眠りから現在の瞬間に同じ姿で蘇《よみがえ》って来ている」(一一三ページ)。ベルグソン的、プルースト的と言うことはむつかしくない。しかし私は、生活の感覚的事実にまず鋭く耳目をひらいた、ひとりの独創的哲学者の姿をここに思うのである。このひとは「おんな」の感覚的事実に忠実であった。母の思い出、恋人の香り、そしてそれら女たちのすべての向うに「わが民族存在の自己開示」を見たのである。

民族意識といったものが働いていたことも否定はできないが、しかし、狭量なる愛国主義ではもちろんなかった。明治以来の輸入文化の波のなかで自分を失いつつあった日本文化。その文化の、まぎれもない独自の価値を、九鬼は、化政期の、遊里の、女の姿にみとめたのであった。当時、アカデミーのなかで遊里の哲学を論ずることのむつかしさは、今日のひとの想像をこえているであろう。あえて、そこに挑戦したところに、哲学者の意気のようなものを感じる。

男と女、江戸と京――といった二元論が九鬼哲学をつらぬいていることは何度ものべたが、このような発想は、ひとつは、著者がパリに長くとどまっていたおかげでもあろう。『「いき」の構造』は日本の美意識の基本的構造をあきらかにした名著ではあるが、しかし、たとえば柳田国男に比するような国学ではない。方法論はあくまでヨーロッパのものである。生の哲学、現象学などの影響もみられるが、骨格は古典的ヨーロッパ哲学である。ヨーロッパの折目正しい論法で、とらえがたい日本の美をとらえてみせた――たとえば、三段階論で「いき」を切ってみせたところに、この書物の真面目がある。趣味の直六面体の、あの有名な構造図――それに似た正八面体の構造図を、読者は『風流に関する一考察』にふたたび見出すであろうが――も、日本の学問のなかからは、発想しがたいものである。

一言でいえば『「いき」の構造』は異郷の哲学である。異郷にあって、異郷の方法を使い、母国の、もっとも俗で、もっとも微妙な、もっともはかなく、もっとも鋭利な美意識を、えぐり出したのである。現代人の感情の流露である短歌を材料として、論理的分析をこころみた『情緒の系図』も、この系譜からははなれない。異郷と母国とをへだてる大きな距離を自在に行き来しえた精神、それが九鬼周造であった。ということはつまり、特殊と普遍とのあいだを自由に行き来しえた精神、ということであろう。

『「いき」の構造』の草稿のおわりに「一九二六年十二月　巴里」という文字が読める。論文として世に問われたのは、『思想』の一九三〇年(昭和五年)の一月号と二月号である。単行本初版はその年の十一月に発行されている。

ハイデッガーは九鬼周造を西田幾多郎の「弟子」といっているが、おそらく正確ではない。学風も、人的系譜もことなる。西田が九鬼を評価していたことはまちがいないが、しかし、九鬼哲学は、戦前の京都哲学においては傍流にすぎなかった。戦後、それもここ十年、二十年のうちに、九鬼周造、とりわけ『「いき」の構造』が若い読者をつよくひきつけるようになった。初版発行以来、じつに半世紀。戦中の黙殺に耐えて、光りを放ってきたというべきであろう。

〔編集付記〕

一、『「いき」の構造』の底本には昭和五年刊の単行本(岩波書店刊)を、また併収の二論文の底本には『文芸論』(同、昭和十六年刊)を用いた。

二、本文は現代仮名づかいによる表記に改め、一部の漢字表記を平仮名に変えた。ただし原則として、引用文の仮名づかいには手を加えていない。

三、底本にある振り仮名を再現するとともに、読みにくい語や読み誤りやすい語には新たに振り仮名を付した。

四、読みやすさを考慮して、読点を補ったところがある。

五、圏点○◎は、に改めた。また、引用符は「　」とし、書名は『　』でくくった。

(岩波文庫編集部)

「いき」の構造《こうぞう》 他二篇

1979年9月17日　第1刷発行
2009年4月8日　第50刷改版発行
2025年7月4日　第69刷発行

著　者　九鬼《くき》 周造《しゅうぞう》

発行者　坂本政謙

発行所　株式会社 岩波書店
〒101-8002 東京都千代田区一ツ橋2-5-5

案内 03-5210-4000　営業部 03-5210-4111
文庫編集部 03-5210-4051
https://www.iwanami.co.jp/

印刷・精興社　製本・牧製本

ISBN 978-4-00-331461-6　　Printed in Japan

読書子に寄す

――岩波文庫発刊に際して――

岩波茂雄

真理は万人によって求められることを自ら欲し、芸術は万人によって愛されることを自ら望む。かつては民を愚昧ならしめるために学芸が最も狭き堂宇に閉鎖されたことがあった。今や知識と美とを特権階級の独占より奪い返すことはつねに進取的なる民衆の切実なる要求である。岩波文庫はこの要求に応じそれに励まされて生まれた。それは生命ある不朽の書を少数者の書斎と研究室とより解放して街頭にくまなく立たしめ民衆に伍せしめるであろう。近時大量生産予約出版の流行を見る。その広告宣伝の狂態はしばらくおくも、後代にのこすと誇称する全集がその編集に万全の用意をなしたるか。千古の典籍の翻訳企図に敬虔の態度を欠かざりしか。さらに分売を許さず読者を繋縛して数十冊を強うるがごとき、はたしてその揚言する学芸解放のゆえんなりや。吾人は天下の名士の声に和してこれを推挙するに躊躇するものである。このときにあたって、岩波書店は自己の責務のいよいよ重大なるを思い、従来の方針の徹底を期するため、すでに十数年以前より志して来た計画を慎重審議この際断然実行することにした。吾人は範をかのレクラム文庫にとり、古今東西にわたって文芸・哲学・社会科学・自然科学等種類のいかんを問わず、いやしくも万人の必読すべき真に古典的価値ある書をきわめて簡易なる形式において逐次刊行し、あらゆる人間に須要なる生活向上の資料、生活批判の原理を提供せんと欲する。この文庫は予約出版の方法を排したるがゆえに、読者は自己の欲する時に自己の欲する書物を各個に自由に選択することができる。携帯に便にして価格の低きを最主とするがゆえに、外観を顧みざるも内容に至っては厳選最も力を尽くし、従来の岩波出版物の特色をますます発揮せしめようとする。この計画たるや世間の一時の投機的なるものと異なり、永遠の事業として吾人は微力を傾倒し、あらゆる犠牲を忍んで今後永久に継続発展せしめ、もって文庫の使命を遺憾なく果たさしめることを期する。芸術を愛し知識を求むる士の自ら進んでこの挙に参加し、希望と忠言とを寄せられることは吾人の熱望するところである。その性質上経済的には最も困難多きこの事業にあえて当たらんとする吾人の志を諒として、その達成のため世の読書子とのうるわしき共同を期待する。

昭和二年七月

《日本文学（古典）》〔黄〕

古事記　倉野憲司校注
日本書紀 全五冊　坂本太郎・家永三郎・井上光貞・大野晋校注
万葉集 全五冊　佐竹昭広・山田英雄・工藤力男・大谷雅夫・山崎福之校注
竹取物語　阪倉篤義校訂
伊勢物語　大津有一校注
玉造小町子壮衰書 ―小野小町物語　杤尾武校注
古今和歌集　佐伯梅友校注
土左日記　紀貫之　鈴木知太郎校注
蜻蛉日記　今西祐一郎校注
紫式部日記　池田亀鑑・秋山虔校注
紫式部集 付大弐三位集・藤原惟規集　紫式部　南波浩校注
源氏物語 全九冊　柳井滋・室伏信助・大朝雄二・鈴木日出男・藤井貞和・今西祐一郎校注
源氏物語 山路の露・補作 雲隠六帖 他二篇　今西祐一郎編注
枕草子　池田亀鑑校訂
和泉式部日記　清水文雄校注
更級日記　西下経一校注

今昔物語集 全四冊　池上洵一編
堤中納言物語　大槻修校注
西行全歌集　久保田淳・吉野朋美校注
建礼門院右京大夫集 付平家公達草紙　久松潜一・久保田淳校注
拾遺和歌集　小町谷照彦・倉田実校注
後拾遺和歌集　久保田淳・平田喜信校注
金葉和歌集　川村晃生・柏木由夫・伊倉史人校注
詞花和歌集　工藤重矩校注
古語拾遺　斎部広成撰　西宮一民校注
王朝漢詩選　小島憲之編
新訂 方丈記　市古貞次校注
新訂 新古今和歌集　佐佐木信綱校訂
新訂 徒然草　西尾実・安良岡康作校注
平家物語 全四冊　梶原正昭・山下宏明校注
神皇正統記　北畠親房　岩佐正校注
御伽草子 全二冊　市古貞次校注
王朝秀歌選　樋口芳麻呂校注

定家八代抄 ―続王朝秀歌選 全二冊　樋口芳麻呂・後藤重郎校注
閑吟集　真鍋昌弘校注
中世なぞなぞ集　鈴木棠三編
千載和歌集　久保田淳校注
謡曲選集 読む能の本　野上豊一郎編
おもろさうし　外間守善校注
太平記 全六冊　兵藤裕己校注
好色一代男　井原西鶴　横山重校訂
好色五人女　井原西鶴　東明雅校註
武道伝来記　井原西鶴　前田金五郎・横山重校注
西鶴文反古　井原西鶴　片岡良一校訂
芭蕉紀行文集 付嵯峨日記　中村俊定校注
芭蕉おくのほそ道 付曾良旅日記・奥細道菅菰抄　萩原恭男校注
芭蕉俳句集　中村俊定校注
芭蕉連句集　中村俊定・萩原恭男校注
芭蕉書簡集　萩原恭男校注
芭蕉文集　潁原退蔵編註

- 芭蕉俳文集 全二冊 — 堀切実編注
- 芭蕉自筆 奥の細道 — 上野洋三・櫻井武次郎校注
- 蕪村俳句集 付 春風馬堤曲 他二篇 — 尾形仂校注
- 蕪村七部集 — 伊藤松宇校訂
- 近世畸人伝 — 伴蒿蹊／森銑三校註
- 雨月物語 — 上田秋成／長島弘明校注
- 宇下人言・修行録 — 松平定信／松平定光校訂
- 新訂 一茶俳句集 — 丸山一彦校注
- 一茶 父の終焉日記・おらが春 他一篇 — 矢羽勝幸校注
- 増補 俳諧歳時記栞草 全二冊 — 曲亭馬琴編／藍亭青藍補／堀切実校注
- 北越雪譜 — 鈴木牧之編撰／京山人百樹刪定／岡田武松校訂
- 東海道中膝栗毛 全二冊 — 十返舎一九／麻生磯次校注
- 浮世床 — 式亭三馬／和田万吉校訂
- 梅暦 全二冊 — 為永春水／古川久校訂
- 百人一首一夕話 全二冊 — 尾崎雅嘉／古川久校訂
- こぶとり爺さん・かちかち山 —日本の昔ばなしI — 関敬吾編
- 桃太郎・舌きり雀・花さか爺 —日本の昔ばなしII — 関敬吾編

- 一寸法師・さるかに合戦・浦島太郎 —日本の昔ばなしIII — 関敬吾編
- 芭蕉臨終記 花屋日記 付 芭蕉翁終焉記・前後日記・行状記 — 小宮豊隆校訂
- 醒睡笑 全二冊 — 安楽庵策伝／鈴木棠三校注
- 歌舞伎十八番の内 勧進帳 — 郡司正勝校注
- 江戸怪談集 全三冊 — 高田衛編・校注
- 柳多留名句選 — 山澤英雄選／粕谷宏紀校注
- 松蔭日記 — 上野洋三校注
- 鬼貫句選・独ごと — 復本一郎校注
- 井月句集 — 復本一郎編
- 花見車・元禄百人一句 — 雲英末雄・佐藤勝明校注
- 江戸漢詩選 全二冊 — 揖斐高編訳
- 説経節 俊徳丸・小栗判官 他三篇 — 兵藤裕己編注

岩波文庫の最新刊

サン＝テグジュペリ作／野崎 歓訳

夜間飛行・人間の大地

「愛するとは、ともに同じ方向を見つめること」――長距離飛行の先駆者＝作家が、天空と地上での生の意味を問う代表作二作。原文の硬質な輝きを伝える新訳。
〔赤N五一六-二〕 定価一二二一円

久保田淳校注

百人一首

藤原定家撰とされてきた王朝和歌の詞華集《アンソロジー》。代表的な古典文学として愛誦されてきた。近世までの諸注釈に目配りをして、歌の味わいを楽しむ。
〔黄一二七-四〕 定価一七一六円

ショーペンハウアー著／藤野 寛訳

自殺について 他四篇

名著『余録と補遺』から、生と死をめぐる五篇を収録。人生とは欲望が満たされぬ苦しみの連続であるが、自殺は偽りの解決策として斥ける。新訳。
〔青六三二-一〕 定価七七〇円

ゲルツェン著／金子幸彦・長縄光男訳

過去と思索(七)

一八六三年のポーランド蜂起を支持したゲルツェンは、ロシアの世論から孤立し、新聞《コロコル》も終刊、時代の変化を痛感する。
〔全七冊完結〕〔青N六一〇-八〕 定価一七一六円

……今月の重版再開……

中勘助作

鳥の物語

定価一〇一二円
〔緑五一-二〕

中勘助作

提婆達多

定価八五八円
〔緑五一-五〕

定価は消費税10％込です　　2025.5